ことわざから探る
英米人の知恵と考え方

開拓社
言語・文化選書
74

ことわざから探る
英米人の知恵と考え方

安藤邦男 著

開拓社

はしがき

　民俗学者柳田国男の「俚諺武器説」によれば，日本のことわざは部落の喧嘩などで相手をやっつけるための道具として始まったといいますが，その事情のためでしょうか，人の言動を非難したり揶揄したりすることわざが多くあるようです。むろん，日本のことわざにも中国などの古典に起源をもつものもあり，人の生き方を示すことわざも少なくありません。

　これに対して英語のことわざは，キリスト教文化の影響があって，直接，人びとに考え方の材料や行動の指針を与えるものが多くあります。ドイツの民俗学者ヴォルフガング・ミーダーは，キリスト教文化圏ではどの国も 300 から 500 ぐらいの聖書由来のことわざをもっていると言っています。

　日英のことわざの違いは，辞書の定義にも表れています。日本語の辞書で「ことわざ」を調べてみますと「昔から言われてきた教訓や諷刺などを含んだ短い言葉」（広辞苑）とありまが，英語の辞書では「真理や忠告を述べる簡潔でよく知られた言葉」（オックスフォード辞典）とあります。ここで気づくことは，風刺という言葉が日本語辞典にはあって，英語辞典にはないということです。そこでいろいろの辞書を調べてみましたが大同小異で，ほとんどは前述の二冊の辞書の記述と変わりありません。このことからでも，日本語のことわざには人物や事柄を遠まわしに批判したり，嘲笑したりする，いわゆる風刺的傾向がありますが，英語のことわざでは物事の真偽や善悪を直截に語ったり，論理的に忠告したりする傾向が強いことが判ります。

　ことわざの定義の話をしたついでに言いますと，日本語のことわざに対応する英語は PROVERB ですが，この言葉の外延は非常に広く，ただ日本語の意味する「ことわざ」だけでなく，旧約聖書の

v

ソロモンの「箴言」も，一般的な「格言」や「金言」もすべてPROVERB に含まれます。ということは，英語のことわざにはいかに生きるべきかという，知恵と教訓が満ちあふれているということです。

　さて，以前筆者は『テーマ別・英語ことわざ辞典』（2008 年，東京堂出版）を出版しましたが，それは 1000 例ほどの英語ことわざをテーマ別に分類し，編集した英語学習者向けの辞典でした。そのとき，何人かの読者から，英語の教材としてではなく一般教養書として英語のことわざの知恵を纏めたものを読みたいという希望が寄せられました。筆者自身にも，語学学習という側面を離れ，英米人のことわざを知恵の文化として日本人の生活の中に生かしたいという気持ちがありました。

　そんな事情があって，ここに『ことわざから探る　英米人の知恵と考え方』という，一般の人たちを対象にした書物を出版することにしました。

　本書を書くに当たっては，ことわざの知恵をバラバラな断片ではなく，体系的にまとまったものとしたいという希望がありました。それはちょうど，前掲の『テーマ別・英語ことわざ辞典』を編集したときと同じ気持ちでした。したがって，英語のことわざの教訓別分類の方法やその体系化は，基本的には同書のそれを踏襲していますが，細部においてはかなり大きく違っております。英語圏のことわざを日本の文化の中で生かそうとすると，それなりの取捨選択が必要だからです。

　この本からはさまざまな英米のことわざを知ることができるだけでなく，ことわざを生み出した発想や考え方，さらにはそのような発想や考え方を背後から支えている生活の知恵や文化を理解することができると思います。

　しかしながら，今書き上げて筆者自身が読み直してみても，英語のことわざに相当する日本語ことわざがかなり多くあることに気付かされます。ということは，ことわざから英米人の生き方を学ぶと

いっても，それはそれで大切なことですがただそれだけではなく，実は古くからある日本人固有の文化や考え方を改めて知るということにもなるのです。

　かつてイギリスの文人政治家であったジョン・ラッセル卿 (1792–1878) は，ことわざは〈万人の知恵，一人の機知〉であると語ったと伝えられています。これを敷衍すれば，一人の機知から生まれたことわざは多くの人が使えば万人の知恵になるし，また万人の知恵となったことわざを一人が使えば機知となるということです。

　皆さま方，どうかこれらのことわざから人生の教訓を読み取り，日常の中に活かしていただければ，ご自身の生活はきっと豊かなものになると思います。また，この中にあるいくつかのことわざを話し言葉や書き言葉のなかに使用して，周りの人たちとコミュニケーションの場に役立てていただければ，筆者としてこれにまさる喜びはありません。

　なお，本書に収録したことわざは，英語のものだけでも 850 を優に超えています。紙幅の関係で，巻末に索引として収録することは叶いませんでしたが，3 種類の索引を，開拓社の下記 URL よりダウンロードできますので，活用いただきたい。むしろ，電子データのほうが検索等でも便利かと思います。

　　　http://www.kaitakusha.co.jp/book/book.php?c=2574

　最後に，本書の出版をお引き受け頂いた開拓社のご厚意に感謝申し上げます。また，編集その他にわたって懇切なご指示を頂いた出版部の川田賢氏には心より御礼申し上げます。

　2018 年 5 月 16 日

　　　　　　　　　　　　　　　　　　　　　　　　安藤　邦男

目　　次

はしがき　*v*

第1章　対比の発想でものを見ることを教える ………………… *1*

1.　対比と逆転の発想でものを見る　*2*
　（1）物事の二面を対比させることわざ　*2*
　（2）言外に対比の相手を想定することわざ　*3*
　クイズ1「言外の対比」　*4*
　（3）結論を反対物に逆転させることわざ　*5*
　クイズ2「対比と逆転」　*8*
2.　ある語句や文章を別の語句や文章に喩える　*9*
　クイズ3「比喩の対象」　*10*
3.　ある主張に別の主張を対比させる　*11*
　（1）対義ことわざ　*11*
　クイズ4「対義ことわざ」　*12*
　（2）類義ことわざ　*13*
　クイズ5「類義ことわざ」　*14*

第2章　対立するものの見方を教える ……………………… *16*

1.　遠近の対比　*16*
　（1）身近なもののメリットとデメリット　*16*
　（2）遠くのもののメリットとデメリット　*19*
2.　大小の対比　*22*
　（1）大なるもののメリットとデメリット　*22*
　（2）小なるもののメリットとデメリット　*24*

クイズ6「遠近と大小の対比」　　　　　　　　　　28
　3. 外と内の対比　　　　　　　　　　　　　　　　　28
　　(1) 美のメリットとデメリット　　　　　　　　　28
　　(2) 外見と中身の不一致　　　　　　　　　　　　32
　　(3) 外見か中身か　　　　　　　　　　　　　　　34
　　　クイズ7「外と内の対比」　　　　　　　　　　　36
　4. 始めと終りの対比　　　　　　　　　　　　　　　37
　　(1) 始めが大切　　　　　　　　　　　　　　　　37
　　(2) 終りが大切　　　　　　　　　　　　　　　　38
　5. 全体と部分の対比　　　　　　　　　　　　　　　39
　　(1) 部分が大切　　　　　　　　　　　　　　　　39
　　(2) 全体が大切　　　　　　　　　　　　　　　　41
　　　クイズ8「始めと終わりの対比」・「全体と部分の対比」　43

第3章　成功の極意を教える ……………………………… 45
　1. 目的と方法　　　　　　　　　　　　　　　　　　46
　　(1) 方法の大切さ　　　　　　　　　　　　　　　46
　　(2) 一時に一事を　　　　　　　　　　　　　　　49
　2. 時間と機会　　　　　　　　　　　　　　　　　　51
　　(1) 時間の大切さ　　　　　　　　　　　　　　　51
　　(2) 機会の大切さ　　　　　　　　　　　　　　　53
　3. 安全と危険　　　　　　　　　　　　　　　　　　58
　　(1) 身の安全の大切さ　　　　　　　　　　　　　58
　　(2) 危険の予防法と脱出策　　　　　　　　　　　60
　4. 意欲と願望　　　　　　　　　　　　　　　　　　61
　　(1) 意欲のメリット　　　　　　　　　　　　　　61
　　(2) 意欲のデメリット　　　　　　　　　　　　　65
　5. 勇気と慎重　　　　　　　　　　　　　　　　　　68
　　(1) 勇気の大切さ　　　　　　　　　　　　　　　68
　　(2) 慎重の大切さ　　　　　　　　　　　　　　　69
　6. 忍耐と努力　　　　　　　　　　　　　　　　　　72
　　(1) 忍耐と継続の大切さ　　　　　　　　　　　　72

(2) 最後の決め手は努力　　　　　　　　　　　　　75
　　クイズ9「成功の極意」　　　　　　　　　　　　　76

第4章　社会生活の知恵を教える　　　　　　　78
　1．交友と友人　　　　　　　　　　　　　　　　　78
　　(1) 交友の大切さ　　　　　　　　　　　　　　　78
　　(2) 友情の本質　　　　　　　　　　　　　　　　83
　2．指導と服従　　　　　　　　　　　　　　　　　88
　　(1) 指導者の存在価値　　　　　　　　　　　　　88
　　(2) 脇役の存在価値　　　　　　　　　　　　　　91
　3．金銭と節約　　　　　　　　　　　　　　　　　93
　　(1) 金銭の本質と節約の勧め　　　　　　　　　　93
　　(2) 金銭を持つことのメリット　　　　　　　　　97
　　(3) 金銭を持つことのデメリット　　　　　　　 100
　4．悪事と悪人　　　　　　　　　　　　　　　　 102
　　(1) 悪とは何か　　　　　　　　　　　　　　　 102
　　(2) 悪を防ぐための奇策　　　　　　　　　　　 105
　　クイズ10「社会生活」　　　　　　　　　　　　 106

第5章　文化と言葉について教える　　　　　 108
　1．知識と経験　　　　　　　　　　　　　　　　 108
　　(1) 知識のメリットとデメリット　　　　　　　 108
　　(2) 経験のメリットとデメリット　　　　　　　 111
　　(3) 加齢と学習能力　　　　　　　　　　　　　 117
　2．言葉と世間　　　　　　　　　　　　　　　　 119
　　(1) 言葉と真実の持つ力　　　　　　　　　　　 119
　　(2) 言葉の用い方　　　　　　　　　　　　　　 124
　　(3) 世間の噂　　　　　　　　　　　　　　　　 126
　　(4) 忠告の仕方　　　　　　　　　　　　　　　 129
　3．言葉と行動　　　　　　　　　　　　　　　　 131
　　(1) 言葉以外の表現手段　　　　　　　　　　　 131

(2) 言葉を行動に移す難しさ　　　　　　　　　　　　　　　*133*
　(3) 言葉より大きい行動の価値　　　　　　　　　　　　　　*136*
　(4) 因果応報　　　　　　　　　　　　　　　　　　　　　　*139*
　(5) 許すことの大切さ　　　　　　　　　　　　　　　　　　*144*
　クイズ 11「文化と言葉」　　　　　　　　　　　　　　　　　*147*

第6章　人間の内面について教える　　　　　　　　*149*

　1．長所と短所　　　　　　　　　　　　　　　　　　　　　*149*
　(1) 長所や才能の使い方　　　　　　　　　　　　　　　　　*149*
　(2) 短所と過失　　　　　　　　　　　　　　　　　　　　　*151*
　2．遺伝と環境　　　　　　　　　　　　　　　　　　　　　*153*
　(1) 大きい遺伝の力　　　　　　　　　　　　　　　　　　　*153*
　(2) 大きい育ちの力　　　　　　　　　　　　　　　　　　　*155*
　3．人倫と心情　　　　　　　　　　　　　　　　　　　　　*160*
　(1) 正直と自律の価値　　　　　　　　　　　　　　　　　　*160*
　(2) 悩みや罪の意識　　　　　　　　　　　　　　　　　　　*162*
　(3) 愛のさまざまな形　　　　　　　　　　　　　　　　　　*163*
　(4) 結婚　　　　　　　　　　　　　　　　　　　　　　　　*167*
　クイズ 12「人間の内面」　　　　　　　　　　　　　　　　　*169*

第7章　人生の生き方について教える　　　　　　　*170*

　1．人生と現実　　　　　　　　　　　　　　　　　　　　　*170*
　(1) 世の中の変化　　　　　　　　　　　　　　　　　　　　*170*
　(2) 人生における運・不運　　　　　　　　　　　　　　　　*174*
　(3) 人生の対処の仕方　　　　　　　　　　　　　　　　　　*177*
　2．楽観論の勧めと戒め　　　　　　　　　　　　　　　　　*180*
　(1) 楽観の勧め　　　　　　　　　　　　　　　　　　　　　*180*
　(2) 楽観の戒め　　　　　　　　　　　　　　　　　　　　　*184*
　3．極端と中庸　　　　　　　　　　　　　　　　　　　　　*188*
　(1) 調和の勧めと極端の戒め　　　　　　　　　　　　　　　*188*
　(2) 中庸の勧め　　　　　　　　　　　　　　　　　　　　　*190*

クイズ 13「人生の生き方」　　　　　　　　　　　　　　*196*

第8章　東西文化の違いについて教える ……………… *198*
　1. 多弁型と寡黙　　　　　　　　　　　　　　　　　　　*199*
　　（1）多弁な英米人　　　　　　　　　　　　　　　　　*199*
　　（2）寡黙な日本人　　　　　　　　　　　　　　　　　*201*
　2. 行動型と慎重型　　　　　　　　　　　　　　　　　　*203*
　　（1）行動型の英米人　　　　　　　　　　　　　　　　*203*
　　（2）慎重型の日本人　　　　　　　　　　　　　　　　*205*
　3. 経験主義と権威主義　　　　　　　　　　　　　　　　*206*
　　（1）自分の経験を信じる英米人　　　　　　　　　　　*206*
　　（2）権威者の言を鵜呑みにする日本人　　　　　　　　*208*
　4. 個人主義と集団主義　　　　　　　　　　　　　　　　*209*
　　（1）個人主義の英米人　　　　　　　　　　　　　　　*209*
　　（2）集団主義の日本人　　　　　　　　　　　　　　　*211*
　5. 罪の文化と恥の文化　　　　　　　　　　　　　　　　*213*
　　（1）罪を意識する英米人　　　　　　　　　　　　　　*213*
　　（2）恥を意識する日本人　　　　　　　　　　　　　　*215*

　凡　例
1. ことわざに付けられたカッコなどの用法
　〈　〉　日本語訳 英語ことわざ を示す。
　「　」　日本語ことわざ を示す。
　《　》　日本語となった 英語ことわざ を示す。
　［　］　原典を示す。
　（　）　意味などを示す。
2. その他の記号について
　『　　』書名を示す。
　　＝　　意味の上から対応していることを示す。

第1章　対比の発想でものを見ることを教える

　ことわざの知恵の解説に入る前に、ことわざの表現形式の特徴を考えたいと思います。論理学では、二つの概念が互いに対立する状況をとらえて「二項対立」と呼びますが、ことわざはこのような二項対立の論理で物事をとらえようとする言説だといえましょう。

　もっと解りやすくいえば、ことわざは物事を二面性でとらえ、その特徴を比較したり、その矛盾を指摘したり、あるいは発想を逆転したりして、今までともすれば見逃しがちであった物事の真の姿に気づかせてくれる表現形式だといえます。複眼の思想といってもよいと思います。

　この章ではまず、そのような発想の仕方について見てみたいと思います。取り上げる項目は次のようです。

1. 対比と逆転の発想でものを見る
2. ある語句や文章を別の語句や文章に喩える
3. ある主張に別の主張を対比させる

1. 対比と逆転の発想でものを見る

(1) 物事の二面を対比させることわざ

> 教え　どんなものにも矛盾する二面がある

　たとえば，マスコミでは女性の殺人事件が仰々しく取り上げられることがありますが，その見方の裏には女性は美しいもの，優しいものという先入観が存在していると考えられませんか。

　しかしことわざの世界では，女性をオモテだけでなくウラからも見ています。日本では「外面如菩薩内心如夜叉」ということわざが昔からありましたが，これは，外面は菩薩のように美しく柔和に見える女性でも，心の中は夜叉のように残忍邪悪かもしれないということですね。仏教では，女性はこのようなものであると説いて，修行中の若い僧侶を戒めたといいます。

　また，〈どの雲にも銀の裏地がついている〉Every cloud has a silver lining. という英語ことわざがあります。これは海外旅行をした人ならば誰でもご存じですが，空を覆う雨雲も，下から見れば黒一色ですが，上から眺めれば陽の光を浴びて燦々と輝いていますね。そのことをこのことわざは言っているのです。つまり，物事は別の面から眺めれば，違った一面が見えてくる，と教えてくれるのです。

　このように，事物を二項対立的に眺めることわざの常とう手段は，意識するしないにかかわらず，哲学でいう弁証法論理または弁証法的考え方と共通するものを生み出すことになります。今これを仮にことわざの二面性の論理と呼ぶとすれば，これこそがことわざの論理の原点をなすものです。本書では，まずことわざの二面性の論理を取り上げたいと思います。

　次のことわざはすべて，物事には矛盾・対立する二面を含んでいると主張しています。

〈美しい顔に汚い心〉
　　Fair face, foul heart. ＝「外面如菩薩内心如夜叉」
〈楽あれば苦あり〉
　　There is no pleasure without pain.
〈どんな法律にも抜け穴がある〉
　　Every law has a loophole.
〈例外のない規則はない〉
　　There is no rule without exceptions.
〈繁栄は友をつくり，逆境は友を試す〉
　　Prosperity makes friends, adversity tries them.

次のことわざは二面のうちから一方を選択せよといいます。

《鉄は熱いうちに打て》
　　Strike while the iron is hot.
〈結婚前は両目を開け，結婚後は片目を閉じよ〉
　　Keep your eyes wide open before marriage, and half shut afterwards.

|参考| 対比をうまく利用した日本語ことわざ
　「千里の道も一歩から」「大は小を兼ねる」「ちりも積もれば山となる」「聞くは一時の恥，聞かぬは一生の恥」

(2) 言外に対比の相手を想定することわざ

|教え| 多くのことわざは対比する対象を裏に隠す

ここで注意すべきは，対立する二項が二つともことわざの中に明文化されているとはかぎらないということです。むしろ，一項目だけの言及にとどまることわざのほうが多いのです。しかしだからといって対比の原理が失われているわけではありません。明示された一項目の背後には，対比するもう一項目が言外の意味として想定さ

れているのです。たとえば

《壁に耳あり》
　　Walls have ears

では，〈耳〉だけが取り上げられていますが，その裏には〈目〉があります。「壁があって見られることはないからといって安心できない，音は防げないから用心せよ」と教えているのです。次のことわざで，表面の意味の裏にはもう一つ，反対の意味が隠されていることを知って下さい。

〈災いを仕掛ける者は災いに遭う〉
　　Harm set, harm get.
　　＝災いを仕掛けない者は災いに遭うこともない。だから災いを仕掛けるな。
〈高慢には失脚がつきもの〉
　　Pride will have a fall.
　　＝謙虚であれば失脚しない。だから謙虚であれ，そうすれば必ず成功する。

さて，この章をお読みいただいた読者の方は，次のクイズに挑戦してみてください。

クイズ1　「言外の対比」

【問】　次のことわざが裏にもつ対比の意味は何でしょうか？　前例にならって答えなさい。

　①〈吠える犬は噛みつかない〉
　　　Barking dogs seldom (*or* never) bite.
　②〈静かな流れは底が深い〉
　　　Still waters run deep.

③〈転がる石には苔ができない〉
　　　A rolling stone gathers no moss
④〈良い忠告が欲しければ老人に相談せよ〉
　　　If you wish good advice, consult an old man.
⑤〈古い習慣はなかなか改まらない〉
　　　Old habits die hard.

答　① 吠える犬は恐れなくてよい。むしろ吠えない犬が噛みつくから用心せよ。② 急流は底が浅い。人間も同じで，多言より寡黙のほうが知恵も心も深い。③ 動かない石には苔ができる。二つの意味があり，コケを良しとする意味では，一か所に落ち着くほうがよいが，コケを悪しとする意味では，活動的に動き回るほうがよい。④ 若者は経験が浅いから良い忠告を与えることができないが，老人にはそれができる。⑤ 新しい習慣はすぐに改まるが，昔からある習慣はなかなか変わらない。

(3) 結論を反対物に逆転させることわざ

　しかしことわざのことわざたる所以は，それだけに留まりません。それは対立または矛盾する一方を他方に逆転させることも行います。たとえば

〈便りのないのはよい便り〉
　　　No news is good news.

ということわざがあります。知人や友人からの音信不通はふつう心配の種ですが，しかしよく考えれば，何か異変があったりすれば必ず知らせがありますから，それがないということは，見方を変えれば元気の証拠と考えられるのです。つまり，「便りのない」状態を「心配の種」から「元気な証拠」という結論に逆転させるわけです。
　日本のことわざの「慇懃無礼」のように，謙虚さも度をすぎると傲慢になるというのもそれにあたります。このように反対物に転化することわざを，もう少し精しく見てみましょう。

教え 状況の違いから結論を逆転させる

同じものでもおかれた場所が異なると,恵みにもなるし災いにもなります。食べ物もそれを食べる人が違えば,薬にもなるし毒にもなります。状況が違うと結果が逆になるということわざが次のものです。

〈水は砂漠では恵みだが,溺れるものには呪いだ〉
　Water is a boon in the desert, but the drowning man curses it.
〈ある人の食べ物はほかの人の毒になる〉
　One man's meat is another man's poison. ＝「甲の薬は乙の毒」

教え 意図に反して結論を逆転させる

世の中には,自分の意図に反する結果がよく起こります。善意で行なったことが悪く解釈されることもあるし,幸運を当てにせず独力で頑張っている者をかえって幸運の女神が助けてくれるというような,そのつもりでなかったことがよく起こります。次のことわざをご覧ください。

《天は自ら助くる者を助く》
　Heaven helps those who help themselves.
〈自分の幸福を吹聴する者は悲しみを招く〉
　He that talks much of his happiness, summons grief.
〈みんな否定したら,みんな白状したのと同じ〉
　He who denies all confesses all.
〈口から出た言葉は他人のもの〉
　When the word is out it belongs to another.
〈他人に施すものは自分に施すことになる〉
　The good you do for others is good you do yourself; ＝

「情けは人のためならず」

[教え] 予想に反して結論を逆転させる

　また常識的な予想を覆すようなこともよく起こります。たとえば，ギーギーときしむような扉は壊れやすいから長持ちしないと思うと，あに図らんやみんなが大切に扱うからかえっていつまでも持つというように，一見して立てた予想に反することがよくあります。そんなことわざがいくつかあります。

〈きしむ扉は長持ちする〉
　　A creaking gate (or door) hangs longest. ＝「一病息災」
〈勉強ばかりで遊ばないと，子供は馬鹿になる〉
　　All work and no play makes Jack a dull boy.
〈一番遠い回り道が一番の近道である〉
　　The longest (or farthest) way round is the nearest way home. ＝「急がば回れ」
〈町のニュースを知りたければ田舎へ行け〉
　　You must go into the country to hear what news in town. ＝「灯台下暗し」

【参考】　矛盾を逆転させる日本語ことわざ
　「会うは別れの始め」「急がば回れ」「遠くて近きは男女の仲」
　「過ぎたるはなお及ばざるが如し」
　「可愛さ余って憎さ百倍」「分別過ぐれば愚に返る」
　「失敗は成功のもと」「泥棒にも三分の理」

　さて，この章をお読みいただいた読者の方は，次のクイズに挑戦してみてください。

クイズ2 「対比と逆転」

【問】 カッコの中の正しい語句を選び,その理由と思われることを答えなさい。

① 〈最も少なく食べる者が最も(多く・少なく)食べる〉
② 〈流行(を追う者・に逆らう者)は流行の奴隷である〉
③ 〈最善はしばしば善の(敵・味方)になる〉
④ 〈妻は目でなく(口・頭・耳)で選べ〉
⑤ 〈よい(通路・垣根・贈り物)がよい隣人をつくる〉
⑥ 〈目は腹よりも(大きい・小さい・強い)〉
⑦ 〈最も立派な復讐は(仇を討つ・許す・出世する)ことである〉
⑧ 〈この世の最後に着る衣装には(ポケット・スリーブ・ボタン)がない〉
⑨ 〈人の心をつかむ道は(胃袋・心臓・頭脳)から〉

答 ①（多く）He that eats least eats most. 理由：小食は健康のもと,長生きして生涯摂取量は大量になるから。②（に逆らう者）He who goes against the fashion is himself its slave. 理由：流行に逆らうためには,絶えず流行を気にかけなければならないから。③（敵）The best is often the enemy of the good. 理由：最善を求める者は普通の善には満足できず,否定するから。④（耳）Choose a wife by your ear rather than by your eye. 理由：妻選びの時は世間の評判を聞くのがよい。昔の日本にも聞き合わせの風習があった。⑤（垣根）Good fences make good neighbors. 理由：良い仲を保つためには,あまり接触しないほうがよいから。⑥（大きい）The eye is bigger than the belly. 理由：見た目には食べられそうでも,残すことが多いから。バイキングを見れば判ります。⑦（許す）The noblest vengeance is to forgive. 理由：許した者の度量の大きさで,許された相手を悔しがらせるのも復讐の一種である。⑧（ポケット）The last shirt has no pockets. 理由：死に装束を纏った身は,あの世へ何も持っていけないから,ポケットはいらない。⑨（胃袋）The way to a man's heart is through his stomach. 理由：腹が減っては戦はできぬと同

じ，ご馳走は一番人の心を動かす力を持っているから。

2. ある語句や文章を別の語句や文章に喩える

教え ある語句を別の語句に喩えることがある

　知識の伝達や伝承という役目を担っていることわざは，伝えたいメッセージや教訓を平叙文の形で表現するよりも，比喩でもって言い表すことが多いということがあります。そのほうがずっと記憶に強いインパクトを与え，心に残るからです。

〈光陰矢のごとし〉［明喩］
　　Time flies.
〈恋は盲目〉［隠喩］
　　Love is blind.
〈好機は二度とノックしない〉［擬人法］
　　Opportunity seldom knocks twice.

教え 表面の意味を裏にある別の意味に喩えることがある

〈水車は通り過ぎた水で粉をひくことはできない〉
　　The mill cannot grind with the water that is past.

　このことわざは，文字どおりの意味としては，水車というものの機能を説明したものであって，そのかぎりではひとつの比喩も含まれてはいません。しかし，このことわざには表面の意味とは別に，時機を逸してからでは何をしても遅すぎる，という裏の意味があります。つまり，ことわざ全体がそのような教訓を含んだアレゴリー（寓話）となっているのです。次の例もそうです。

《鉄は熱いうちに打て》［表の意味］
　　Strike while the iron is hot. ＝「好機逸すべからず」［裏の意

味]

〈花は贈り手にも香を残す〉［表の意味］
Flowers leave fragrance in the hand that bestows them.
＝何かいいことをすればいい報いがある。［裏の意味］

さて、この章をお読みいただいた読者の方は、次のクイズに挑戦してみてください。

クイズ3 「比喩の対象」

【問】 どんなことに喩えているか、前例にならって裏の意味を答えなさい。

① 〈きしむ車輪は油をさしてもらえる〉
　　The squeaking wheel gets the grease.
② 〈空の器が一番高い音がする〉
　　Empty vessels make the most sound.
③ 〈あの葡萄は酸っぱい〉
　　The grapes are sour.
④ 〈贈られた馬の口の中を覗くな〉
　　Never look a gift horse in the mouth.
⑤ 〈金持ちの冗談はいつも面白い〉
　　A rich man's joke is always funny.

答 ①不平や不満は口に出して伝えれば、聞いてもらえる。②中身のない者は一番大きな声で話すものだ。③葡萄が食べられなかった狐のように、負け惜しみの言葉をいう。④贈られた馬の年齢を知るために、歯を調べるような失礼な真似はするな。⑤金持ちの機嫌をとるために、取り巻き連中は面白くもない冗談をいつも面白がる。

3. ある主張に別の主張を対比させる

(1) 対義ことわざ

　前章ではことわざの論理が対象を対比的にとらえたり，逆転させたりすることを見てきましたが，ここでは，ある意味のことわざに対して，それとまったく反対の意味のことわざがあることに触れたいと思います。

　|教え|　あることわざには正反対の意味を持つことわざがある

たとえば，

　〈始めよければ終わりよし〉
　　A good beginning makes a good ending.

ということわざがありますが，これは何事も始めが大事で，始めがうまくいけば終わりはかならず良くなるということを言っています。しかし，一方では，

　〈終わりよければすべてよし〉
　　All is well that ends well

と言って，何事も最後の仕上げが肝心であると主張することわざもあります。これはご存知のように，シェイクスピアが自分の劇の題名につけたことわざです。

　さて，このように意味の正反対のことわざに出会うと，割り切ることの好きな人は，「どちらかハッキリせよ」といって不満に思うかも知れません。あるいは，ことわざは昔の人が思いつきで言ったことだから，非科学的で矛盾していて当たり前，だからあまり意味がないと思うかもしれません。しかし，それはことわざの何たるかをわきまえないものというべきでしょう。

　たしかに，これらは一見矛盾しているように思われます。しかし，何かを成し遂げようとする場合のことを考えてください。始め

の段階では、私たちは「始めが大事」と言って覚悟を新たにしなければなりませんが、終わりの段階になればそのときにはまた、「終わりが大事」と言って気持ちを引き締めなければならないのです。

　ことわざは、それぞれの状況のそれぞれの段階における知恵ですから、けっして矛盾しているわけではありません。それぞれの段階に応じて重点の置き方が違っているだけであって、どちらも真実なのです。次の例もそんな対義ことわざです。

〈わずかばかりの学問はかえって危険〉
　A little learning is a dangerous thing.
　↔〈全然知らないより少しでも知っているほうがよい〉
　　It is better to know something than to know nothing.
〈機会は一度逃すと取り戻せない〉
　An occasion lost cannot be redeemed.
　↔〈明日という日がある〉
　　Tomorrow is another day.

クイズ4　「対義ことわざ」

【問】　①〜⑤の英語ことわざと反対の意味を持つ英語ことわざを下欄 (a)〜(e) から選びなさい。

① 〈学ぶのに年齢はない〉
　　One is never too old to learn.
② 〈仕立屋が人をつくる〉
　　The tailor makes the man.
③ 〈経験は最善の教師である〉
　　Experience is a good (*or* the best) teacher.
④ 〈愛は結婚で実を結ぶ花である〉

Love is a flower which turns into fruit at marriage.
⑤〈人手が多ければ仕事は軽くなる〉
Many hands make light work.

(a)〈経験は愚者の教師である〉
Experience is the teacher of fools.
(b)〈頭巾だけでは僧侶はできぬ〉
The cowl (*or* hood) does not make the monk.
(c)〈結婚は愛の墓場である〉
Marriage is the tomb of love.
(d)〈料理人が多すぎるとスープの味がだめになる〉
Too many cooks spoil the broth.
(e)〈老いた犬に新しい芸を教えることはできない〉
You can't teach an old dog new tricks.

答 ①-(e) ②-(b) ③-(a) ④-(c) ⑤-(d)

(2) 類義ことわざ

さて,前節で見たように,対比の発想に基づくことわざは,互いに意味の対立することわざを生み出しますが,同時にまた意味の似かよった類義ことわざもつくります。

教え あることわざには同じ意味を持つことわざがある

たとえば,畑で働く農夫にとって大事なことは

〈日の照るうちに干し草をつくれ〉
Make hay while the sun shines.

ということです。だが,海で働く漁師たちにとっては

〈順風のときに帆を張れ〉

Hoist your sail when the wind is fair.

という掟が重要な意味を持ちます。仕事の内容はそれぞれ違いますが，どちらも時機が大切だという点では同じことを言っています。

次にそのような類義ことわざを挙げます。

〈光るもの必ずしも金ならず〉
　All is not gold that glitters.
　＝〈見かけ通りのものはめったにない〉
　　Things are seldom what they seem.
〈一握りで袋全体の中身がわかる〉
　You may know by a handful the whole sack.
　＝〈一片を見ればそのパン全体の良しあしがわかる〉
　　You may see by a bit what the bread is.
〈抜け穴が泥棒を呼び込む〉
　The hole calls the thief.
　＝〈開いている扉は聖人をも誘惑する〉
　　An open door may tempt a saint.
〈バラのトゲに刺されるよりイラクサに刺されるほうがまし〉
　It is better to be stung by a nettle than pricked by a rose.
　＝〈偽りの友よりあからさまな敵のほうがまし〉
　　Better be an open enemy than a false friend.

さて，この章をお読みいただいた読者の方は，次のクイズに挑戦してみてください。

クイズ5　「類義ことわざ」

【問】　①〜⑤の英語ことわざと同じ意味を持つ日本語ことわざ

第 1 章　対比の発想でものを見ることを教える

を下欄 (a)〜(e) から選びなさい。

① 〈どんな風でもだれかには幸運を運ぶ〉
　　It is an ill wind that blows nobody any good.
② 〈二つの腰掛けの間に座れば尻餅をつく〉
　　Between two stools you fall to the ground.
③ 〈鞭を惜しめば子供はだめになる〉
　　Spare the rod and spoil the child.
④ 〈好き嫌いに説明は付かない〉
　　There's no accounting for taste.
⑤ 〈跳ぶ前に見ろ〉
　　Look before you leap.

(a)「虻蜂取らず」　　　　　　(b)「転ばぬ先の杖」
(c)「蓼食う虫も好きずき」　　(d)「可愛い子には旅させよ」
(e)「風が吹けば桶屋が儲かる」

答　①-(e)　②-(a)　③-(d)　④-(c)　⑤-(b)

第2章　対立するものの見方を教える

　さて，これまで英語のことわざの知恵をお読みになって，それぞれのことわざのなかには，第1章で述べたように，物事を両面から対立的に捉える考え方や発想法があることがお判りいただけたかと思います。ここでは，物事の存在様式，すなわち遠近・大小・内外など，人間の感覚によって認識できる対比を取り上げ，ことわざがどのように言っているか見てみましょう。もっと判りやすくいえば，ものは遠くにあるときと近くにあるときとでは，どのような違いがあるか，大きなものと小さなものの間にはどのような優劣があるか，ことわざはそんな疑問に答えてくれると思います。

　取り上げた対立項目は，次のものです。

1. 遠近の対比　　2. 大小の対比
3. 外と内の対比　4. 始めと終りの対比
5. 全体と部分の対比

1. 遠近の対比

(1) 身近なもののメリットとデメリット

教え　手中にあるものが最高である

第2章 対立するものの見方を教える

　人間は，対象との距離によって，そのものに対する価値観や好悪の情が大きく変わるものです。まず，最も距離の近いものといえば，自分自身が所有している物のことでしょう。

〈今日の卵一個のほうが明日の鶏一羽よりまし〉
　Better an egg today than a hen tomorrow.
〈もちたいと願うより現にもっているほうがずっとよい〉
　Better to have than wish.
〈足らないもののことを考えるより，有るもののことを考えよ〉
　Think not on what you lack as much as on what you have.

|教え| **わが家にまさるところはない**

　次に自分を取り巻いている環境があります。わが家や故郷です。それらはたとえ小さく貧しくても「住めば都」ですから，大切にしなければなりません。自分の家庭や職場を悪く言ってはいけません。動物でも自分の巣は大事にします。

〈わが家にまさるところなし〉[1]
　There's no place like home.
〈自分の巣を汚すのは愚かな鳥だ〉
　It is a foolish bird that soils its own nest.

　そしてわが家の隣には隣人が居ます。近くに居る隣人のほうが，遠くの身内よりも大切に思えてきます。

---

[1] このことわざは，アメリカの劇作家ジョン・ペインが自作の歌劇の中で，女主人公に歌わせた「ホーム・スウィート・ホーム」の歌詞から出ています。どんな粗末な小屋でも，自分の住む家にまさるものはないという家庭第一主義の考え方はそれまでの日本にはなかったものだけに，それが「埴生の宿」と訳されて明治期の小学校唱歌に取り入れられると，多くの人々の心をとらえ，広く愛唱されたものです。

〈仲のよい隣人は遠くの兄弟にまさる〉

A good neighbor is better than a brother far off. ＝「遠くの親類より近くの他人」

教え　身近にあるものは軽んじられる

ことわざは身近にあるものの価値を説く一方で，逆に身近にあるものの不利にも言及します。皆さんの中には，会社では上司や部下の信頼が厚いのですが，家へ帰るとかみさんや子供に馬鹿にされると，愚痴る人はいませんか。それには理由があるのです。次のことわざはその答を教えてくれます。

〈狎れ親しむと軽蔑心が生まれる〉[2]

Familiarity breeds contempt.

人間は身近なものに親近感をもつ一方で，見なれてくるとそれまでの魅力が次第に色あせ，むしろ嫌悪やうとましささえ感じるのです。それに，遠くからは見えなかった欠点も，近くから見るといっそう目立ち，それまでの尊敬は軽蔑に変わるものです。

〈いつも来る客は歓迎されない〉

A constant guest is never welcome.

〈予言者が尊敬されるのは，自分の国や郷里以外である〉［マタイ伝］[3]

A prophet is not without honor, save in his own country and in his own house.

教え　身近にあるものは見えにくい

---

[2] 米作家マーク・トウェインは，日記に次のようなユーモラスな一句を書いています。〈慣れ親しむと軽蔑心が生まれる——そして子供も〉

[3] イエスは故郷ナザレで説教をしようとしましたが，彼が大工の子であることを知る人々は耳を傾けませんでした。そのときイエスが発した言葉がこれです。

第2章　対立するものの見方を教える　　19

　身近にあるものの不利としてもう一つ考えられることは，目の前にあるものはかえって気づきにくいということです。聖書の中には次の有名な言葉があります。

〈他人の目の中にある塵(ちり)は見えても，自分の目の中の梁(はり)は見えない〉［マタイ伝］
　You can see a mote in another's eye but cannot see a beam in your own. ＝「灯台もと暗し」

これは，人間は他人の小さな過失や短所にはよく気がつくが，自分の大きな過失や短所には気がつかないという意味で，今日でもよく使われています。なぜかといえば，人間はあまり近くのものよりも少々距離をおいたほうが何ごともよく見えるからです。その意味で，何かをしている当事者よりも，傍観者のほうが真実を掴むことができるのです。

〈ロンドンにどんな新しいことが起こったかを知るには，田舎へ行かなければならない〉
　You must go into the country to hear what news at London.

また，いつも一緒だからわかっていると思いがちですが，いちばん子供のことを知らないのは案外父親なのです。

〈自分の子供を知っているのはよほど賢い父親〉（そんな賢い父親は少ないので，多くの父親は子供のことを知らない）
　It is a wise father that knows his own child. ＝「親馬鹿」

(2)　遠くのもののメリットとデメリット

　教え　隣の芝生は青い

さて，このように近くのものに対してあまり魅力を感じないとい

うことは，裏返して考えれば，遠くのものに対して魅力を感じるということです。では，人はなぜ，遠くのものに憧れるのでしょうか。答は，そこに距離があるからです。すぐに出会ったり，簡単に手に入れたりすることができないほど，遠くにあるからです。それに，遠くにあれば，近くでは目立つ欠点も見えません。距離は欠点を覆いかくし，美しく見せる最大の要因です。

〈距離は風景に魅力を添える〉
　Distance lends enchantment to the view.
〈塀の向こう側の芝生はいつも青い〉
　The grass is always greener on the other side of the fence.

この心理は人間関係にも当てはまります。身近にいる人よりも，遠く離れたところにいる人のほうが懐かしく思えるものです。

〈友人は離れているときが最も仲がよい〉
　Friends agree best at a distance.

この人間心理を知っていることわざは，よりよき人間関係を築くために相互に距離をおけと提言します。そのほうがお互いの尊敬を増し，友情を長続きさせるからです。車の衝突事故を防ぐために車間距離が必要なように，人間社会での衝突を回避するためには「人間距離」を置かなくてはならないと，外山滋比古氏は『英語ことわざ集』（岩波ジュニア新書）で書いています。

〈隣人を愛しても垣根を取り壊すな〉
　Love your neighbor, yet pull not down your fence. ＝「親しき仲に垣をせよ」

男女関係も同じでしょうね。障害があるほうがかえって恋の炎は燃えさかるものです。

〈間の垣根がいっそう恋を燃え立たせる〉
　A fence between makes love more keen.

この人間心理がさらに高じると，創世記のアダムとイブから採られた次のようなことわざになります。

〈禁断の木の実が一番甘い〉
　Forbidden fruit is sweetest.
〈盗んだ快楽が一番楽しい〉
　Stolen pleasures are sweetest.

しかし，このようなことわざまで来ると，そこに見られる背徳の匂いをただ笑ってすますことはできなくなり，次のことわざのように，その行きすぎに警告を発することになります。

〈好奇心が強すぎると楽園を失う〉
　Too much curiosity lost Paradise.

|教え| 遠ざかるものは忘れられる

これまで見てきたことわざは，遠くにあるもの，つまり現在手にしていないものの方が魅力的に思われるというものでした。しかしその一方，人間は近くにあるものはいやでも目に付きますが，それが遠ざかると次第に関心が薄れ，そのうちに忘れられるというのも事実です。それどころか，かつて好ましく思われていたものが好ましくなくなる場合さえあります。相手が目の前にいて気づかなかった欠点も，いなくなると客観的に見えるようになり，幻滅を覚えるというのです。そんな人間心理を見てみましょう。

〈見えなくなるものは忘れられる〉
　Out of sight, out of mind. ＝「去る者は日々に疎し」
〈長い別離は愛情を変える〉
　Long absence alters affection.

〈不在は幻滅の母である〉
　Absence is the mother of disillusion.

2. 大小の対比

(1) 大なるもののメリットとデメリット

|教え| 大きいものは打たれ強い

　われわれの周りにはいろいろなものがあり，その中には形状の大なるものや小なるもの，数量の多いものや少ないものがあって，それぞれが生活に密接に関係をもっています。ここでは対立する二項の柱として，形状や数量の「大なるもの」を見てみましょう。

　形や回数の大きなものが小さなものに対して有利なのは，スポーツの世界を見ても一目瞭然です。だから，スポーツでは重量・回数などを厳格に規定するわけですが，日常の世界でも同じことが言えます。

〈カシの木は一撃では倒せない〉
　An oak is not felled at one stroke.
〈人手が多ければ仕事は軽くなる〉
　Many hands make light work.
〈何度も撃てば仕舞には当たる〉
　He who shoots often, hits at last. ＝「下手な鉄砲も数撃ちゃ当たる」

|教え| 度量の大きい人間は小事にこだわらない

　大なるものに対して，人は精神的に畏敬の念を持つことがあります。すると単なる「大」は「偉大」となり，そこに価値を見いだそうとします。度量の大きい者は小事を問題にしないという意味を仮託したことわざが生まれます。

〈偉大な人間は偉大な偶像である〉
　　Great men are great idols.
〈大海は小川を拒まず〉
　　The sea refuses no river.
〈ワシはハエを捕らえない〉[4]
　　Eagles don't catch flies. ＝「鷹は飢えても穂をつまず」

|教え| 大きいものは攻撃目標にされる

ことわざの世界でむしろ多いのは、大きいもの、偉大なるものの弱点を指摘するものです。大きなもの、偉大なるものが必ずしも有利であるわけでもなく、ときにはその偉大さが不利になることもあるというのです。庶民が少々の不正を働いても問題にされませんが、政治家や有名タレントが賄賂を受け取ったり不倫を行ったりすれば、マスコミはこぞって報道します。大きいものほど不正や失敗の結果も大きいのです。それだけに、大きいものは用心しなければなりません。

〈大きい木ほど大きく倒れる〉
　　The higher the tree, the greater is its fall.
〈大きければ大きいほど、攻撃目標になる〉
　　The bigger the man, the better the mark.
〈偉大な人の罪は大罪である〉
　　Great men have great faults.

|教え| 大きく見せかけることはよくない

しかし人間は偉大なものに憧れるものです。そして自分の持つものが小さなものであれば、それを少しでも大きく見せかけ、自慢し

---

[4] このことわざは、16世紀ネーデルランドの人文主義者で『痴愚神礼賛』の著者エラスムスの言葉に由来し、大望あるものは些事を問題にしないという意味に使われます。

たがるものです。自慢しないまでも,大げさに扱うことで,自分の立場をよくしたいと思うのでしょうか,とかく物事を針小棒大に言いふらすものです。ことわざはそれを戒めています。

〈山が一匹のネズミを生み出した〉［イソップ］[5]
　The mountains have brought forth a mouse. ＝「大山鳴動して鼠一匹」
〈もぐら塚から山をつくるな〉
　Don't make a mountain out of a molehill.

些細なことで大騒ぎをする人間を風刺することわざに,次のものがあります。

〈つまらぬことで大騒ぎ〉
　Much ado about nothing. ＝「空騒ぎ」[6]
《コップの中の嵐》
　A storm in a teacup. ＝「蝸牛角上の争い」

(2) 小なるもののメリットとデメリット

教え　小さなものは小さいなりに価値がある

日常生活では,一般に小さなものは目に付き難く,無視されがちですが,ことわざは小さなものこそ美しく,価値もあると言います。

---

[5] ギリシャの寓話作家イソップの『鳴動する山』には,次の記述があります。「山腹に大きな裂け目が現れ,ついに小さなネズミが一匹出てきた」。また,ローマ詩人ホラティウスは次のように書いています。「山が陣痛を起こし,馬鹿馬鹿しくもネズミが一匹出てくるだろう」

[6] シェイクスピアの喜劇作品『空騒ぎ』が起源のことわざ。

〈小なるものは美しい〉[7]

　　Small is beautiful.

〈どんな小さなものでも役に立つ〉

　　Every little helps.

〈一粒の砂の中に世界を見，一本の野生の花の中に天国を見る〉［ウィリアム・ブレイク］[8]

　　To see a world in a grain of sand and a heaven in a wild flower.

|教え| 小さなものはやがて大きな価値を生む

ことわざは世俗の知恵ですから，ブレイクの詩のように，小なることそのものの中に価値を見いだすものはそれほど多くありません。ことわざの多くは，小さなものの価値を，それが次第に大きくなることの中に見いだそうとします。つまり，物事の始まりはすべて小さなものですが，しかしそれは次第に大きくなるから，今の小ささに引け目を感じる必要はない，今は小さくても，将来に自信をもてばよい，というのです。「塵も積もれば山となる」のです。

〈大きなカシの木も小さなドングリから育つ〉

　　Great oaks from little acorns grow.

〈小さなものでも多く集まれば大きくなる〉

---

[7] これは，イギリスの経済学者シューマッハー（Schumacher）が1973年に出版した本のタイトルから取られたものです。大量消費の経済を批判し，石油危機を予言した直後に，それが現実になったことから，一躍世界的な流行語になりました。

[8] ウィリアム・ブレイクの詩『無心の前触れ』（1789）からの一節です。この後に次の詩が続きます。〈いちりんの野の花にも天国を見／きみのたなごころに無限を／そしてひとときのうちに永遠をとらえる〉［寿岳文章 訳］。一粒の砂や一本の花は，それが何かほかのものに役立つから価値があるというのではなく，それ自身がかけがえのない存在であり，そこには宇宙や神の意志が実現されているから価値があるというものです。

Many a little makes a mickle.
〈小銭を大切にすれば，大金はおのずから集まる〉[9]
Take care of the pence and the pounds will take care of themselves.

|教え| 小さな危険はやがて大きな危険になる

　小なるものは価値があるという反面，小なるものにも危険なものがあるから用心せよということわざがあります。小さいからといって油断してはいけません。小さなものでも危険なものは多いのです。

〈行く手の小石は大荷車を転覆させる〉
　A little stone in the way overturns a great wain.

　同じことは周りの人間関係についても言えます。大人物は感情を表面に出さないので安心ですが，心の小さな人は何か気に入らないとすぐに怒りますから，危険です。

〈小さななべはすぐに熱くなる〉
　A little pot is soon hot.

　さらに問題なのは，小さな危険は次々に大きな危険を招き，ついには取り返しのつかない大事故を引き起こすことがあるということです。燃料タンクのボルト１本がもとで航空機が大爆発を起こすことがあるし，ネズミが齧ってできたほどの小さな穴が巨船を沈めることもあります。

〈小さな漏れ口が巨船を沈没させる〉
　A little leak will sink a great ship. ＝「千丈(せんじょう)の堤も蟻の一穴

---

　[9] これは，はイギリスの政治家チェスターフィールド伯が息子に書き送った言葉として知られ，小事をゆるがせにしなければ，大事は自然とうまくいくという意味の忠告です。

から」
〈釘一本が欠けたために蹄鉄一つ失われ，蹄鉄一つが欠けたために馬一頭が失われた〉[10]

　　For want of a nail the shoe was lost; for want of a shoe the horse was lost.

|教え| 危険の芽は小さなうちに摘め

だから，小さな危険には早めの手当が必要です。早めに手当しないと，大きな損害を与えることになります。事前の予防のほうが事後の治療より有効な場合が多いのです。問題を防止する努力を少しすれば，問題が大きくなってから解決する努力はしなくてもすみます。

〈時宜を得た一針は九針の手間を省く〉

　　A stitch in time saves nine.
〈1オンスの予防は1ポンドの治療に匹敵する〉

　　An ounce of prevention is worth a pound of cure.

人の犯す過ちについても，そうです。小さな過ちは改めやすいのですが，大きな過ちを改めることはなかなか難しいのです。

〈小なる過ちを正すことのできない者は大なる過ちを抑えることができない〉

　　He that corrects not small faults, will not control great ones.

---

[10] これは，イギリスに古くから伝わるわらべうたの一節で，アメリカではベンジャミン・フランクリンが『プーア・リチャードの暦』の中に引用しています。実はその後に，次のような言葉が続きます。〈…，馬一頭が欠けたため，騎手が一人失われ，騎手が一人欠けたため，戦争が一つ敗北し，戦争が一つ負けたため王国が一つなくなった。これらはみんな，釘一本が欠けたことから起きたこと〉

さて，この章をお読みいただいた読者の方は，次のクイズに挑戦してみてください。

クイズ6 「遠近と大小の対比」

【問】 ①〜⑤のカッコの中の語句から適切なものを選んで，空所を埋めなさい。

① 〈(　　　) の者がいつも悪者にされる〉（不在・常駐・側近）
② 〈(　　　) 人はいっそう恋しさを募らせる〉（結婚した・隣に住んだ・別れた）
③ 〈(　　　) に対し英雄であるものはいない〉（国王・民衆・召使い）
④ 〈掌中の一羽は (　　　) の二羽に値する〉（叢中・森林・鳥籠）
⑤ 〈博愛は (　　　) から始まる〉（街頭・わが家・郷里）

答 ①（不在）The absent are always in the wrong.　②（別れた）Absence makes the heart grow fonder.　③（召使い）No man is a hero to his valet.　④（叢中）A bird in the hand is worth two in the bush.　⑤（わが家）Charity begins at home.

---

3. 外と内の対比

(1) 美のメリットとデメリット

教え 美しいものは善である

ものには外面と内面という両面があるのですが，われわれが物の良し悪しを判断する場合，外面から見ることが多いのですね。人物の評価についても同じことがいえます。そこでまず，外面について

取り上げたいのですが,そのなかでわれわれがもっとも目を奪われるのは外観のもつ美という現象です。周りを少し見渡しただけでも,自然の美しさや女性の美しさなど,この世界には美しきものが満ちあふれています。

〈美しきものは永遠の喜び〉[キーツ]
　A thing of beauty is a joy for ever.
〈美の敵は自然の敵である〉
　An enemy to beauty is a foe to nature.

人間だれにとっても,美は喜びであり,生き甲斐です。とくに世の男性は美女に弱いのでしょうか,美貌は善であると思いこみがちです。

〈美貌が邪悪な心をもつはずがない〉
　A fair face cannot have a crabbed heart.
〈見目麗しきは心も優しいはず〉
　When the face is fair, the heart must be gentle.

でも,ちょっと待ってください。美しいものは,女性だけではありません。芸術作品のすばらしさや,自然の景観の見事さにも,心を打たれて欲しいものです。日本には「日光を見ないうちは結構と言うな」があるように,英語にも自然の景観を称えるものがあります。

〈ナポリを見て死ね〉
　See Naples and die

[教え] 美は短命で醜と隣り合わせである

しかし,前述の〈美しきものは永遠の喜び〉という言葉がキーツからの引用句であることからもわかるように,美はやはり詩の領域であるらしく,ことわざとして美を讃えるものは,上掲のもの以外

にはあまりありません。次に見るように，むしろ美の皮相性，醜悪性，危険性を説くことわざが，圧倒的に多いのです。

それに，美は永遠の喜びであるといっても，誤解しないで欲しいのですが，永遠なのは美に対する感動であって，美そのものではないのです。美そのものはむしろ，もろくはかないものなのです。

〈容色は花のごとく色あせる〉
　　Beauty fades like a flower. ＝「美人というも皮一重」
〈一番美しい花が一番早くしおれる〉
　　The fairest flowers soonest fade. ＝「佳人薄命」

美は，このように短命で，あせやすく，うつろいやすいのです。だからこそ，いっそう人々に求められるといえますが，しかし同時に，しおれたバラの残醜からも感じられるように，美が亡んだ後には，醜が顔をもたげてくるのです。そんな美の幻想性を暴き，美の皮相性に目を向けることわざは次のように言います。

〈美人というも皮一重〉［ジョン・デイビス］
　　Beauty is but（or only）skin deep

|教え| 美の力は強く危険である

むろん，ことわざが「美」という場合，それはあるときは人間の美貌を指し，あるときはその美貌をもつ女性一般を指しています。そのように考えれば，美は必ずしもはかないもの，弱いものではなく，ときには強い力を持っていることがわかります。その裏には，むろん美貌の危険性を指摘する意味合いも含まれています。

〈女の髪の毛一本は二百頭の牛の牽引力にまさる〉
　　One hair of a woman draws more than a hundred yoke of oxen. ＝「女の髪の毛には大象（たいぞう）もつながる」
〈美貌は持参金の半分〉
　　Fair face is half a portion.

次のことわざは，美が人間の知性や徳性と一致しないことをはっきり述べています。

〈美貌と正直（知恵）はめったに一致しない〉
　　Beauty and honesty (*or* wisdom) seldom agree
〈美貌と愚行はしばしば相伴う〉
　　Beauty and folly go often in company.

|教え| 美は見る人の目の中にある

日本語のことわざに，「夜目遠目傘の内」というのがあります。一見すると，これは一種の謎かけことわざのように思われます。使われた三つの名詞の背後にどのような意味が隠されているのかは，答えを聞いてみなければわからないかも知れません。それらは実は，女性が美しく見えるための条件を語っているのです。つまり，美はそれがおかれた条件によって大きく変わるということです。女性ばかりではありません。自然も遠景のほうが美しいのです。

〈暗やみでは猫はみな灰色で美しい〉
　　All cats are gray in the dark.
〈遠くの丘は青い〉
　　Blue are the faraway hills.

このように，美はそれを見る場所，見る時間によって変わります。そして何を美しいと思うかは，見る人によっても違います。ということは，美は普遍的・客観的なものではなく，すぐれて主観的なものです。

〈美は見る人の目の中にある〉
　　Beauty is in the eye of the beholder.

(2) 外見と中身の不一致

[教え] 外見と中身は必ずしも一致しない

さて、ここからは外見と中身の関係を取り上げてみましょう。われわれの一番の関心を惹くものは、外見と中身の食い違いという問題です。立派に見える人が詐欺師であったり、逆に風采の上がらない人が偉大な人物であったりすることがしばしばあります。ことほどさように、外見と中身は違うものです。そんな外見と中身との不一致やアンバランスを指摘して、ことわざは次のようにいいます。

〈黒い牛が白いミルクを出す〉
　Black cows give white milk.
〈黒いメンドリが白い卵を生む〉
　A black hen lays a white egg.
〈吠える犬はめったに噛まない〉
　Barking dogs seldom bite.
〈見かけ通りのものはめったにない〉
　Things are seldom what they seem.

[教え] 外見がよくても中身は悪い

だから、表面が立派に見えても、中身がよいとはかぎりません。一見、誠実そうに見える人や礼儀正しい人が必ずしも見かけどおりでないことは、私たちが実際に体験することです。社会生活を営む以上は、悪意はなくても、人は自分の中の恥ずかしい一面や、人前には出せない一面を隠すものです。そのことを十分知った上で、社会生活を営むのが常識人の生き方でしょう。この種の類義ことわざも、多くあります。

〈光るもの必ずしも金ならず〉
　All is not gold that glitters.
〈礼儀いっぱい、企みいっぱい〉

Full of courtesy, full of craft. ＝「巧言令色鮮し仁」
〈多くの人が斬り落としてやりたいと思う相手の手にキスをする〉
Many kiss the hand they wish to cut off. ＝「面従腹背」

|教え| 外見が悪くても中身はよい

その反対に，次のことわざは，一見胡散臭そうに見えても，必ずしも悪人とはかぎらないといっています。また，外側は小さな目立たないものでも，中身は貴重なものである場合が多いといいます。いや，真価はむしろ目立たないものに隠されていることが多いのです。

〈犬の吠える相手がみんな泥棒とはかぎらない〉
All are not thieves that dogs bark at.
〈高価なものは包みが小さい〉
Good things come in small packages.
〈一番実のなっている枝が一番低く垂れる〉
The boughs that bear most hang lowest. ＝「実るほど頭の下がる稲穂かな」

|教え| 外見で判断するな

したがって，外見でものを判断してはいけません。人間はどうしても外見で人を判断したり，見た目でものの良し悪しを決めたがるものですが，しかしそれには大きな陥穽があります。人間は自分を少しでもよく見せるために，いろいろの細工を施したり，誤魔化したりするからです。そこで，次のような類義ことわざが多くあります。

〈見かけで判断するな〉
Never judge by appearances.
〈本の中身を装丁で判断するな〉
Don't judge a book by its cover.

〈ぶどう酒の良しあしは樽ではわからない〉
You cannot know the wine by the barrel.

(3) 外見か中身か

教え 外見が中身をつくる

では，われわれ自身の生き方の問題として，外見を重視すべきでしょうか，それとも中身を大切にすべきでしょうか。ことわざは両方の考え方を推奨しています。皆さんは両者の考え方を比較しながら，この章を読んで下さい。

まず，外見が中身をつくり，外見のほうが大切だとすることわざから取り上げてみます。「馬子にも衣装」に相当するものです。

〈立派な衣服が人をつくる〉
Fine clothes make the man.
〈美しい羽が美しい鳥をつくる〉
Fine feathers make fine birds.
〈仕立屋が人をつくる〉
The tailor makes the man.

これらのことわざは，衣装を美しくすれば立派に見えるし，人もそれなりに評価してくれるという意味です。だから外見を重視せよというメッセージを含みます。人は美しく見られたいという心があるかぎり，また美しければ中身も良いであろうと考える相手の期待に応えたいという心があるかぎり，人はそれだけの努力をしなければならず，それがその人の中身を価値あるものにするというのです。

教え 中身が外見をつくる

しかしもう一方では，衣装をいくら立派にしても中身が立派になるわけではないというものがあります。これらのことわざは，外見

が中身をつくるという考え方を否定し，中身が外見をつくる，つまり中身を立派にすれば，外見はおのずから立派になるというのです。ここでいう中身とは，その人の心や人格であり，それが表面に表れた行為であるというものです。ことわざの数としては，こちらのほうが多いようです。

〈衣服は人をつくらず〉
　　Clothes do not make the man.
〈頭巾だけでは僧侶はできない〉
　　The cowl (*or* hood) does not make the monk. ＝「衣ばかりで和尚はできぬ」
〈あごひげを生やしても哲学者にはなれない〉
　　It is not the beard that makes the philosopher.
〈行儀作法が人を作る〉
　　Manners make the man.
〈振る舞いの立派な人こそ立派な人である〉
　　Handsome is that handsome does. ＝「見目より心」

また，人の容姿の美しさをつくるのは，心身の健康であり，そこから生じる心の喜びであるともいいます。

〈健康と快活が美しさを育てる〉
　　Health and gaiety foster beauty.
〈心の喜びは顔を美しくする〉
　　The joy of the heart makes the face fair. ＝「心に連るる姿」

最後に，中身がよければ，世間は必ずそれを評価してくれるということわざがあります。いたずらに表面を飾るのではなく，中身の向上や充実に心すべきだということです。

〈バラはどんな名前で呼んでもよい香りがする〉［シェイクスピア］[11]

A rose by any other name would smell as sweet.

〈良酒には看板は要らぬ〉

Good wine needs no bush.[12]

この章の結論が出たように私は思います。美しくなるためには，まず自己の内面を豊かにすることが大切です。そうすれば，外見はおのずと美しくなり，人の尊敬を受けるというのが，多くのことわざの言いたいことのようです。

さて，この章をお読みいただいた読者の方は，次のクイズに挑戦してみてください。

クイズ7 「外と内の対比」

【問】 ①～⑥のカッコの中の語句から適切なものを選んで，空所を埋めなさい。

① 〈紙はきれいなほど（　　　）が目立つ〉（ツヤ・シミ・サビ）
② 〈（　　　）はドアのかぎをはずす〉（美貌・泥棒・秀才）
③ 〈小さな体はしばしば（　　　）心を宿す〉（大きな・軽い・小さな）
④ 〈ロウソクが（　　　）女はみな美しい〉（点ると・増えると・消えると）

---

[11] ご存じ『ロミオとジュリエット』の物語で，モンタギュー家とキャプレット家の不和がもとで結婚できないジュリエットが，家名に何の意味があるのかと嘆く場面の言葉です。

[12] 昔，居酒屋はツタの枝を「ワインあり」の看板として門口に飾ったといわれていますが，良酒には看板がなくても人は集まります。日本の「桃李もの言わずとも下自ずから蹊を成す」と同じですね。

⑤〈真っすぐな木には（　　　）根がある〉（真っ直ぐな・ねじれた・細い）

⑥〈犬の吠える相手がみんな（　　　）とはかぎらない〉（紳士・善人・泥棒）

答　①（シミ）The fairer paper, the fouler the blot.　②（美貌）Beauty opens locked doors.　③（大きな）A little body often harbors a great soul.　④（消えると）When the candles are out, all women are fair.　⑤（ねじれた）Straight trees have crooked roots. =「人と屏風は直ぐには立たず」　⑥（泥棒）All are not thieves that dogs bark at.

4. 始めと終りの対比

(1) 始めが大切

教え　始めよければ終わりよし

　何かを行うには始めが大事か，終わりが大事か，議論の分かれるところです。しかしことわざは，状況に応じて，始めが大事ともいうし，終わりが大切ともいいます。その矛盾を意に介さないところが，ことわざの知恵の深さです。ここではまず，始めが大事ということわざの主張を聞いてみましょう。

〈始めうまくいったものは半分できたも同じである〉
　Well begun is half done.
《始めよければ終わりよし》
　A good beginning makes a good ending.

対人関係においても，初対面のときがもっとも大事だといわれるのは，最初の印象がいつまでも脳裏に残るからです。

〈第一印象が一番長続きする〉

First impressions are most lasting.

また，仕事においても最初は大事であるし，それだけに出足が一番難しいといえます。

〈第一歩が常に最も難しい〉
The first step is always the hardest.

(2) 終りが大切

教え 終りよければすべてよし

しかし何ごとにも，始めがあるように終わりがあるのですが，この終わりは始めと同じように，いやむしろそれ以上に大事だとすることわざが多くあります。

〈最後がすべてを飾る〉
The end crowns all. ＝「仕上げが肝心」
〈仕上げが仕事に王冠を与える〉
The end crowns the work. ＝「細工は流々仕上げを見よ」

このように，終わりが大切であるとする主張にことわざがなぜこだわるかというと，最初うまくいくと，調子に乗ってかえって失敗するケースが多いからです。「九仞の功を一簣に欠く」ことになってはいけませんから，ことわざは注意を促すのです。

〈最初に勝つと，最後に負ける〉
Win at first and lose at last. ＝「始めの勝ちは糞勝ち」
〈恋は始めは甘いが，終わりは酸っぱい〉
Love is sweet in the beginning but sour in the ending.

だからこそ，人は油断することなく有終の美を飾らなければなりません。最初に失敗しても最後がよければ，それまでの失敗をすべて償うことができます。

《終わりよければすべてよし》［シェイクスピアの戯曲の題名］
　　All is well that ends well.

　さて，このように「始めが大事」とするものと「終わりが大事」とするものとは，対義ことわざをなしていますが，すでに述べたように，ことわざの主張はそれぞれの立場の真実を伝えているものですから，どちらも正しいといわなければなりません。仕事に着手するときは始めが大事だと思って全力を尽くし，最後に近づいたなら最後が大事と考えて細心の注意を払うのです。そう考えれば，始めと終わりの二項は対立関係ではなく，互いに助け合う相補関係であるということができます。

5．全体と部分の対比

(1) 部分が大切

　教え　部分が全体を支えている

　部分と全体の関係は，哲学の世界では難解な理論で解明しなければならないかも知れませんが，ここでは一般にものを考察する場合に，全体を重視するかそれとも部分を優先するかという，常識的な問題の立て方で進めたいと思います。
　まず，部分が全体を支えているということわざから見てみましょう。

〈くさりの強度は一番弱い輪で決まる〉
　　The strength of the chain is in the weakest link.

　クサリはいくつかの輪でできています．一個の輪が弱いと，そこが切れます。クサリの全体の強度は，そのもっとも弱い部分の強度で決まります。各部分を寄せ集めたものが全体になるのですから，各部分がしっかりしていれば全体がしっかりすることになるので

す。

　このことわざは，団体競技などのチームを奮い立たせるには格好のことわざです。チームに一人でも弱い選手がいると，そこが集中的にねらわれ，結局は負けてしまうのです。だから，その選手の力量がチームの力量になると言えるのです。次のようなことわざもあります。

〈みんなが自分の戸口をはけば，町中がきれいになる〉
　If each would sweep before the door, we should have a clean city.

|教え| 部分から全体がわかる

　部分が全体を支えているという考え方に立てば，或るものの全体像を知るには，必ずしも全部を見なくても，一部を見れば推測できることになります。

〈一握りで袋全体の中身がわかる〉
　You may know by a handful the whole sack. =「一斑を見て全豹を卜(ぼく)す」
〈一片を見ればそのパン全体の良しあしがわかる〉
　You may see by a bit what the bread is.

　さらに，物事の前兆から来るべき事件を予言することも可能です。もっとも，これは凡人には難しいかもしれませんが，すぐれた観察者にはそれができます。

〈近づく事件は事前にその影をうつす〉
　Coming events cast their shadows before.
〈一本のわらが風向きを教えてくれる〉
　A straw shows which way the wind blows. =「一葉落ちて天下の秋を知る」

そして，優れた能力を持つ賢者は，相手の一言でその意図を知り，物事の真相をつかむことができますから，多言を要しません。

〈賢者には一言で足りる〉
　　A word is enough to the wise. ＝「一を聞いて十を知る」
〈理由は一つあれば五十あるのと同じである〉
　　One reason is as good as fifty.

ただ，ここで注意すべきことがあります。それは部分から全体が判るといっても，正確を期するためには，その部分はある程度の数量にならなければならないということです。たとえば世論調査などでも，少ない人数のアンケートからは正しい結果は導き出せません。そこで，次のことわざがあります。

〈ツバメが一羽きたとて夏にはならない〉
　　One swallow does not make a summer.
〈一度に九つのヒナギクの花を踏んだら，春が来た証拠〉
　　When you tread on nine daisies at once, spring has come.

(2)　全体が大切

さて，部分が判れば全体が判るという前節のことわざに対して，ものごとの真実の姿は一部を見ただけではわからず，全体を見なければわからないという，全体重視のことわざがあります。ここでは，前節とは逆の対義ことわざをみてみましょう。

教え　**全体を見なければものはわからない**

世間には，自分の近くだけしか見ない人が多くいます。そのような人は，自分が全体の中でどの位置にいて，どんな役を演じているかを知ることはできません。「井の中の蛙大海を知らず」の喩えは，自分の身辺だけを見たのでは，全体像を把握することはできないと

いう教えです。視野を広め，全体を鳥瞰して初めてそれがわかります。それを表すことわざに次のものがあります。

〈見物人のほうがよく試合の全体を見ている〉
Lookers-on see most of the game. =「岡目八目」

競技やゲームの対局者は熱中のあまり，しばしば大局を見失う危険があることをいっているのです。

次のことわざは，そのような近視眼的な人を例として挙げています。

〈小銭に賢く，大金に愚か〉
Penny wise and pound foolish. =「安物買いの銭失い」
〈彼は鼻より先を見ることができない〉
He sees no farther than the end of his nose.

その彼が，全体を見渡す必要を感じたとしても，それを不可能にさせるものとして森の存在があります。森は視野をさえぎる最大の障害ですから，人は森にいるかぎり，迷うものです。

〈まだ森から抜け出せないものがいる〉
Someone is not out of the woods yet.

これなどもその背後には，早く森から抜け出して広く全体を見ろ，という勧めがあります。

教え　全体が部分に意味を与える

かつてチャップリンは映画『殺人狂時代』で，

〈一人殺せば悪者だが，何百万人も殺せば英雄だ〉
One murder makes a villain. Millions a hero.

という台詞を言いました。この言葉は，その当否はさておき，殺人という行為が情況によっては悪にもなり善にもなるという意味をた

くみに表現しています。つまり，ある行為の価値判断は，その文脈から切り離すことができないということです。そこで思い出されるのが次のことわざです。

〈全体の状況が個々の立場を変える〉
Circumstances alter cases.

これは，あるものを取り巻く状況全体が，その個々のケースの意味や価値を決定する力をもつということをいっています。つまり，全体があればこそ，部分は意味をもつのです。全体が部分に優先するのです。

さて，この章をお読みいただいた読者の方は，次のクイズに挑戦してみてください。

クイズ8 「始めと終わりの対比」・「全体と部分の対比」

【問】 ①〜⑤のカッコの中の語句から適切な語句を選んで，空所を埋めなさい。

① 〈大工の良しあしは（　　　　）でわかる〉（道具・体格・削り屑）＝「大匠は削らず」
② 〈くさりは一番弱いところ以上に（　　　　）なれない〉（弱く・強く・長く）
③ 〈（　　　　）の一撃で戦いの半分は終わる〉（最初・途中・最後）
④ 〈木を見て（　　　　）を見ない人もいる〉（森・山・川）
⑤ 〈（　　　　）笑うものの笑いが一番よい〉（最初に・途中で・最後に）

答 ①（削り屑）A carpenter is known by his chips. ②（強く）A chain is no stronger than its weakest link. ③（最初）The first blow is half the battle. ④ (森) Some people cannot see the wood for the trees. ⑤ (最後に) He laughs best who laughs last.

第3章　成功の極意を教える

　さて，人間誰でも，仕事にしろ，勉強にしろ，スポーツにしろ，何かをする場合には，それをうまくなし遂げようと思わない人はいません。そのような人のために，ことわざはさまざまな方法を教えてくれます。なぜかというに，ことわざは何をすべきかという価値判断にまったく無関心というわけではありませんが，それよりもいかになすべきかという具体的な方法論にいっそう大きな関心を寄せるからです。ことわざが，処世訓として多くの人々に愛されてきたのは，そのような理由のためでもあります。

　ここで，成功のためにどうすればよいか，具体的な方法論として取りあげたテーマは次のものです。

1. 目的と方法
2. 時間と機会
3. 安全と危険
4. 意欲と願望
5. 勇気と慎重
6. 忍耐と努力

　これらのテーマをもとに，ことわざが成功のための条件として，どのような知恵を教えてくれるかを見てみましょう。

1. 目的と方法

(1) 方法の大切さ

　|教え| 何事をなすにも手段が必要である

　ものごとを遂行する場合に，人がよく忘れがちなことがありますが，それは方法や手段のもつ重要性のことです。いかに目的が立派であっても適切な方法や手段がなければ，ものごとは達成できないということです。

　第二次世界大戦さなかの 1941 年 2 月 9 日，イギリスのチャーチル首相は BBC ラジオ放送でアメリカ国民に訴えかけ，次のように言いました。

　〈われに道具を与えよ，さらば仕事を完成してみせる〉［ウィンストン・チャーチル］
　　Give us the tools, and we will finish the job.

　チャーチルがこういったことの背景としては，当時，ドイツに対して劣勢にあったイギリスには，中立を保っていたアメリカからの軍事協力を是非とも必要とする事情があったのです。いずれにせよこの事実は，物事を達成するには，いかに方法・手段が大切であるかを物語るものでした。次のような類義ことわざがあります。

　〈道具なしで職人が何の役に立つか〉
　　What is a workman without his tools?
　〈目的を欲する者は手段をも欲する〉
　　He who wills the end, wills the means.
　〈藁なしでは煉瓦をつくることはできない〉[1]
　　You cannot make bricks without straw.

---

[1] 昔，エジプトでは，ナイル川の泥にわらを混ぜて煉瓦を作ったといいます。

第3章 成功の極意を教える　　47

|教え|　目的のための手段は多くある

〈すべての道はローマに通ず〉[2]
　All roads lead to Rome.

　このことわざの意味は、目的が同じなら、達成する手段や方法はいろいろ違っても、結局は同じ地点に達するということです。とくに現代は変化の激しい多様化の時代ですから、いたずらに旧来の方法に固執することなく、広く可能性を求めて多くの選択肢に目を向けて欲しいというメッセージでもあります。次のような類義ことわざがあります。

〈森へ行く道は一つだけではない〉
　There are more ways to the wood than one.

　しかしここに問題があります。目的達成のための方法が多くあるということから、人は目的のためならどんな方法を使ってもいいという考えを持つようになります。たとえば、恋にはさまざまな手練手管があるし、戦争では多くの戦術があります。恋にしろ、戦争にしろ、勝つためには手段を問いません。

〈目的は手段を正当化する〉[3]
　The end justifies the means.
〈恋と戦争では何でも正しい〉
　All is fair in love and war.

---

[2] かつてローマ帝国は、放射状の道路があらゆる地方へと広がり、ローマに達する道は文字通りいくつもあったことに因んでできたことわざです。

[3] このことわざを文字通りに読むと、目的のためなら手段を択ばないというマキャベリズムに解釈されますが、実は原語の end を〈目的〉と訳したがための曲解です。end は本来〈結果〉という意味を含みますから、〈目的の達成〉と訳すべきです。やむを得ずとった手段も、望む結果が得られれば正しかったということになる、という意味です。

> [教え] 目的にふさわしい手段を選べ

さて,もっと身近な日常の世界の「物づくり」に目を転じてみましょう。ここには名人がいて,その人は「弘法筆を選ばず」の譬え,どんな粗末な道具を与えられても立派に仕上げるものです。名人は手段としての道具を選びません。しかし一方,凡人はどうかというと,悲しいかなそれが難しいのです。良い仕事のできない凡人は,自分の腕の無さを棚に上げて,道具のせいにします。

〈下手な大工は道具に難癖をつける〉
A bad carpenter quarrels with his tools. =「下手の道具調べ」

物づくりだけでなく,どんなことにおいても,人は失敗することがあります。むろん本人の技倆が未熟だという場合もありますが,それ以外に目的に相応しくない手段を選択したという事情もあるのです。不適切な方法を用いれば,目的が達成されないばかりか,逆に目的そのものが台なしにされてしまうことがあるのです。そんなことをするなと,ことわざは戒めます。

〈卵はナイフの背で割れるのに,石を持ち出すことはない〉
Never take a stone to break an egg, when you can do it with the back of your knife.
〈火に油を注いでは,消すことにはならない〉
Pouring oil on the fire is not the way to quench it.
〈治療が病気より悪いこともある〉
The remedy may be worse than the disease. =「角を矯めて牛を殺す」

さて,目的と手段についてのことわざの最後は,生きることと食べることに言及し,目的と手段を取り違えるなというものです。

〈食べるために生きるのではない。生きるために食べるのだ〉[ソ

クラテス]

Eat to live; do not live to eat.

(2) 一時に一事を

 教え 多くのことに手を出すな

次に，成功のための方法論として，一つの目的だけに精神を集中し，一度に多くのことに手を出すな，というのがあります。現代人はとかく忙しいあまり，多くのことに手を出しすぎるきらいがありますが，それを戒めるのです。二つのことを同時にしようとすると，どちらも失敗することがあります。まして，欲張ってもっと多くのことに手をだすと，すべてが中途半端になってしまいます。ことを行うには，的をしぼって一つのことに集中することが大切だといいます。

〈一時に一事を〉
　One thing at a time.
〈多くのことに手を出すものは，少ししか完成しない〉
　He who begins many things, finishes but few.
〈あらゆる職業に手を出すものは，一芸に秀でることはできない〉
　Jack of all trades and master of none. ＝「多芸は無芸」
《二兎を追う者は一兎をも得ず》
　He who runs after two hares will catch neither ＝「虻蜂取らず」

 教え 矛盾する二つのことは同時にできない

論理学には「SはPであると同時に非Pであることはできない」という矛盾律がありますが，この形式を借りていうことわざがいくつかあります。人は矛盾する二つのことを同時に行うことはできないのです。

〈牛を売り，かつ牛乳を飲むことはできない〉
　You cannot sell the cow and drink the milk.
〈同時に二箇所にはおられない〉
　One cannot be in two places at once.

道理をわきまえない子供はよく，ケーキを食べた後で，さらにおねだりすることがありますが，それに対して母親の言いたい気持ちを代弁することわざがあります。

〈ケーキを食べたら，残っているはずはない〉
　You can't eat your cake and have it. ＝「二つよいことはない」

これらのことわざは，両方を同時にすることは物理的に不可能であることを説いていますが，次のものはそれが精神的にも不可能であることを強調します。

〈人は二人の主人に仕えることはできない〉
　No man can serve two masters.
〈汝ら神と財宝に兼ね仕えることあたわず〉［マタイ伝］
　You cannot serve God and mammon.

また，両立できないものには，恋と理性があります。

〈恋と知識は両立できない〉
　Love and knowledge live not together.
〈恋する人が賢明であるはずはない〉
　One cannot love and be wise.

2. 時間と機会

(1) 時間の大切さ

|教え| 時間は飛ぶように過ぎる

　世の中で成功するためには，時間を有効に使わなければなりません。時間は飛ぶように過ぎ，人を待ってはくれません。日本には昔から時間の貴重さを教えることわざとして，「光陰矢の如し」とか「歳月人を待たず」などがありました。英語のことわざも，同じ思想を伝えます。

〈時は翼をもっている〉
　　Time has wings.
〈年月は人を待たない〉
　　Time and tide wait for no man.
〈人生は短く，時は過ぎやすい〉
　　Life is short and time is swift.

　しかし時間の経過は万人にとって同じかといえば，必ずしもそうではありません。たとえば，楽しんでいる人にとって時間はすぐに過ぎ去りますが，苦しんでいる人にとっては時間はなかなか過ぎ去らないものです。一日千秋の思いで待ち望んでいる人にとっても，時間はなかなかやって来ません。このような時間の相対性に，ことわざは早くから気づいています。

〈楽しい時はすぐに過ぎ去る〉
　　Pleasant hours fly fast.
〈忙しい人には時間が早く過ぎ去る〉
　　For the busy man time passes quickly.
〈見つめるナベは煮え立たない〉
　　A watched pan never boils. ＝「待つ身は長い」

とくに時間が短く感じられるのは、何か困難な事業を達成しようとするときでしょう。ギリシャの医学者ヒポクラテスは、医学を究める道の長さに比し人生の短さを嘆きました。そのときの言葉がことわざとなって今日まで伝えられています。

〈学芸の道は長く、人生は短し〉［ヒポクラテス］＝「少年老い易く学成り難し」［朱熹］
《芸術は長く人生は短し》[4]
　　Art is long, life is short.

教え　時間は有効に利用すべきである

早く過ぎ去るから、時間は貴重なのです。それは金銭と同じく、浪費すべきではありません。

《時は金なり》
　　Time is money

しかし浪費した金銭は取り戻すことができますが、浪費した時間は取り戻すことができません。

〈失われた時間は二度と取り戻せない〉
　　Time lost cannot be recalled.

その意味で、時間は金銭よりずっと貴重です。そして時間の大切さを一番よく理解している人は、忙しい人なのです。忙しい人は時間がないからこそ、何とか時間を見つけだそうとします。そこで次のことわざがあります。

---

[4] ラテン語では（Ars long, vita brevis.）といい、ars は原義では「医術」を意味していましたが、次第に「学問」一般を指し、日本ではいま「芸術は長く人生は短し」の意味に使われるようになりました。

〈最も忙しい者が最も暇を見つける〉
　The Busiest men find the most time.

これに対して，もう一つのことわざがあります。

〈不精者が一番暇がない〉
　Idle people have the least leisure.

不精者は暇を見つける努力さえしませんし，暇のないことを働かないことの口実にさえします。つまり，不精ものには暇がないのです。

　生あるうちに享受できる時間はかぎられています。それだけではありません。われわれ自身の命も，いつ何時終わらないともかぎりません。だから毎日を最後の日と思って，精一杯生きなければならないのです。

〈毎日を明日なきものとして生きよ〉
　Live every day as though it were last.

(2) 機会の大切さ

> 教え　何ごとをするにも潮時がある

　人の運命を決めるのは，ほんの一瞬の機会であることが多く，それをいかに捉えるかによって，人は幸福にもなるし，不幸にもなります。昔から，時機や潮時についてのことわざはおびただしくありますが，そのほとんどが物事にはすべて時機があり，その時機を逸するなという意味のものです。

〈人のすることには潮時がある〉［シェイクスピア］[5]

---

[5] シェイクスピアは『ジュリアス・シーザー』の中でブルータスが同志に決起をうながす時に，このことわざを言わせています。

There is a tide in the affairs of men.
〈すべてのものには時と場所がある〉[旧約聖書][6]
There is a time and place for everything.
〈どんなものでも旬がよい〉
Everything is good in its season.＝「鬼も十八番茶も出花」
〈上げ潮は船をみな持ち上げる〉[7]
A rising tide lifts all boats.

幸運の女神は，一度は誰にでも訪れるのですが，それをしっかり掴み取る人はそんなに多くはありません。そして一度逃がすと，もう取りもどすことは難しいようです。

〈好運は一度はだれの門にも訪れる〉
Fortune knocks at least once at every man's gate.
〈好機は二度と訪れない〉
Opportunity seldom knocks twice.＝「盛年重ねて来たらず」

だから，機会は見つけ次第，即刻自分の手でつかみ，時機を逸せず直ちに利用すべきであると説きます。「好機逸すべからず」です。次のことわざも，すべてその意味のものです。

〈幸運が微笑んだら抱きしめよ〉
When fortune smiles, embrace her.
〈鉄は熱いうちに打て〉
Strike while the iron is hot.
〈日の照るうちに干し草をつくれ〉

---

[6] 「伝道の書」の中の「何事にも時があり／天の下の出来事にはすべて定められた時がある」に由来することわざです。
[7] 時流に乗ればうまくいくという意味です。ケネディ元大統領はこのことわざを引用して，経済成長は国民すべてに利すると述べたことがあります。

Make hay while the sun shines.
〈順風のときに帆を張れ〉
　Hoist your sail when the wind is fair.
〈摘めるうちにバラのつぼみを摘め〉［ロバート・ヘリック］[8]
　Gather ye rosebud while you may.

|教え| 何ごとも早く始めるのがよい

　時機を失しないためには，何ごとも早めに始めるのがよいのです。まずは早起きです。夜明け前の静寂は至福の時，新聞の香を嗅ぐもよし，思索するもよし，散歩するもよし，万事に利するところ大です。まことに「早起きは三文の得」です。早起きをすすめることわざは多くあります。

〈早起き鳥は虫を捕まえる〉
　An early bird catches the worm.
〈最初に起きる牛は最初に朝露を吸う〉
　The cow's first up, gets the first of the dew.
〈朝の一時間は夕方の二時間に相当する〉
　An hour in the morning is worth two in the evening.
〈早寝早起きは人を健康に，裕福に，賢くする〉[9]
　Early to bed and early to rise, make a man healthy, wealthy and wise. ＝「早寝早起き病知らず」

　だが，利は早起きだけにあるのではなく，日常生活万般，早く始めれば時間にも余裕ができ，すべてうまくいくものです。

―――――――
[8] 17世紀のイギリス抒情詩人ロバート・ヘリックの詩からです。その詩は一行おいて次に〈そして今日ほほ笑むこの同じ花は　明日には枯れているだろう〉と詠いました。
[9] このことわざの起源は15世紀に遡りますが，18世紀にベンジャミン・フランクリンが『プーア・リチャードの暦』で取り上げてから有名になりました。

〈早く始めれば早く終わる〉
　Sooner begun, sooner done.
〈早く来た者からもてなされる〉
　First come, first served. =「先着順」
〈すぐに援助すれば二倍援助したのと同じ〉
　He gives twice who gives quickly.
〈時宜を得た一針は九針の手間を省く〉
　A stitch in time saves nine.

　次のことわざは「思い立ったが吉日」で，何ごともその日の中にやれとすすめます。平成 25 年度流行語大賞に選ばれた林修さんの「いつやるか，今でしょ」も，同じ思いを伝えています。

〈何をするにも現在ほどよいときはない〉
　There is no time like the present.
〈いつかそのうちにという日は来たためしなし〉
　One of these days is none of these days. =「紺屋の明後日(あさって)」
〈一日延ばしは時間の泥棒〉
　Procrastination is the thief of time.

　病気になったら早く医者に診てもらうべきで，死んでしまえばもう医者に用はありません。蛇足ですが，死後に必要なのは医者でなく僧侶です。そんなことにはならないように，次のことわざはいいます。

〈死後に医者〉［ジョージ・ハーバート］
　After death, the doctor.
〈水車は通り過ぎた水で粉をひくことはできない〉
　The mill cannot grind with the water that is past.
〈馬が盗まれてから馬小屋に鍵をおろしても遅すぎる〉
　It is too late to lock the stable when the horse has been

stolen. ＝「盗人を見て縄をなう」

[教え] 後悔は先に立たずである

　失敗して後悔するくらいなら，最初から危険を避け安全でいるのがよほどましです。同様に，一度行った行為はもう取り返しがつきません。「後悔先に立たず」です。だからこそ行動するには慎重さが必要であると，ことわざは説きます。

〈こぼれたミルクを見て泣いても無駄だ〉
　　It is no use crying over spilt milk. ＝「覆水盆に返らず」
〈後悔したときは手遅れ〉
　　Repentance comes too late. ＝「後悔先に立たず」
〈過ぎたことは悔やむことはできても取り返すことはできない〉
　　Things past cannot be recalled but may be repented.
〈後で悔やむより最初から安全でいるのがよい〉
　　Better be safe than sorry.

[教え] 機会を逃しても，次の機会がある

　前節では，ことわざは事をなすに当たって，〈好機は二度と訪れない〉から絶対に逃がすなと，声高に注意を促しました。しかし，ことわざの知恵は深く，不幸にして好機を逸したものへの思いやりも忘れません。機を逸して後悔に涙している者にも，また次の機会があると，励ましてくれるのです。「棄てる神あれば拾う神あり」です。もっとも，この種のことわざはそれほど多くはありません。

〈ドアが一つ閉まるともう一つが開く〉
　　When one door shuts another opens.
〈今日転んでも明日は起きあがるだろう〉
　　He that falls today may rise tomorrow.
〈海にはいつもの魚に劣らずよい魚がいる〉
　　There are as good fish in the sea as ever came out of it.

3. 安全と危険

(1) 身の安全の大切さ

|教え| 野次馬的好奇心は大敵である

　成功の条件としてともすれば忘れがちですが，大切なことがあります。それは行動に際していかにして危険を避け，安全を確保するかということです。ことわざによれば，身の安全を守る第一の方法は，まず好奇心を捨てることです。むろん学問や文明の発展には健全な好奇心は欠かせませんが，個人の私生活に首を突っ込むような覗き見的な好奇心は捨てなければなりません。世の中にはそんな好奇心のために命を落とした人は枚挙にいとまがありません。九つの命をもつという猫でも，好奇心のためには命を落とすのです。一つの命しかない人間は，なおさらです。

〈好奇心は猫をも殺す〉
　　Curiosity killed the cat.
〈好奇心は際限がなく，休まる暇もなく，無用の長物だ〉
　　Curiosity is endless, restless, and useless.
〈好奇心が強すぎると楽園を失う〉
　　Too much curiosity lost Paradise.

|教え| 危険に近づかないのが一番安全である

　しかし，好奇心がいくら強くても，危険に近づかなければ，人は命を落とすことはありません。

〈ジュピターから離れていれば雷に打たれない〉
　　Far from Jupiter, far from thunder. ＝「触らぬ神に祟り無し」

　危険に近づかないのは無論のこと，まして自分で無用の危険をつ

くり出すことは絶対してはいけません。「**安全第一**」です。「**藪をつついて蛇を出す**」のは，愚の骨頂です。

〈眠っているライオンを起こすな〉
　　Wake not a sleeping lion. ＝「寝た子を起こすな」

火遊びはだれにも魅力がありますが，下手をすれば火傷します。

〈火は召し使いとしてはよいが，主人としては悪い〉
　　Fire is a good servant but a bad master.

|教え| 高い位置には危険が付きまとう

人はだれでも，少しでも高いところへ登りたがるものです。しかしそこには危険のあることを自覚しなければなりません。上へ行けばいくほど，風当たりも強くなるし，落っこちる危険も大きくなります。下には，虎視眈々と上を狙っている者がひしめいています。

〈王冠を戴く者は安心して眠れない〉
　　Uneasy lies the head that wears a crown.
〈一番高い枝が一番安全な止まり木ではない〉
　　The highest branch is not the safest roost. ＝「高木風に折らる」
〈虎の背に乗るものは虎から降りることを恐れる〉
　　He who rides a tiger is afraid to dismount.

この意味は，一度虎の背に乗ったものが降りるに降りられないのは，無防備になれば敵の餌食になることを怖れるからだけでなく，降りた途端に乗っていた虎に食われるからだともいいます。

反対に，倒れて最下位にいれば，もう落ちる不安もなければ，部下に復讐される心配もありません。

〈倒れた者はもう倒れるのを恐れなくてよい〉［ジョン・バニヤン］
　　He that is down need fear no fall.

教え 多人数の通る大通りが一番安全である

渋滞する大通りを避けて狭い路地に入りこむと、道に迷ったり、場合によっては事故にあったりして、かえって遅くなるものです。危険を避ける方法の一つは、多くの人の通る道を通ることです。それに、人が多いというのはそれだけ安全である証拠でもあります。赤信号も一人で渡れば危険ですが、みんながいちどに渡れば車のほうが停まってくれます。「赤信号みんなで渡れば怖くない」という、北野武さんのギャグが生まれるゆえんです。

〈踏みならされた道が一番安全である〉
The beaten road is the safest.
〈多数の中には安全がある〉
There is safety in numbers.

(2) 危険の予防法と脱出策

教え 逃げ道を多くし、危険を分散しよう

危険には出会わないのが最善ですが、しかし出会わない保証はないのです。だから次善の策は、危険に出会った場合にその被害を最小にするための工夫をしておくことです。それには、被害を受けそうなものを分散しておくことや、逃げ道を多くしておくことが大切です。

〈卵を全部一つのかごに入れるな〉
Don't put all your eggs in one basket.
〈逃げ穴が一つしかないネズミはすぐにつかまる〉
The mouse that has but one hole is quickly taken.

また、安全を図るためには、必需品の予備を蓄えておくことです。古いものでも、代わりのものが新しく見つかるまでは、捨ててはいけません。

〈きれいな水が手に入らないうちに,汚い水を捨てるな〉
　Don't pour out the dirty water before you have clean.

|教え| 避難場所を考えず,真っ先に逃げろ

　さて,いざ危険に出会ったら,「命あっての物種」で,まず逃げの一手にかぎります。ネズミでも危険を察知したら逃げ出します。

〈われ勝ちに逃げろ,一番遅れた者は悪魔に捕まるがいい〉
　Every man for himself, and the devil take the hindmost.
〈ネズミは沈みかけた船を見捨てる〉
　Rats desert a sinking ship.

　そして,逃げ出す先の避難場所はどこでもよいのです。絶体絶命の土壇場では,贅沢はいっていられません。藁にでもすがってよいから,身の安全を図ることです。自己保存が最優先です。

〈嵐のときはどんな港でもよい〉
　Any port in a storm.
〈自己保存が自然の第一法則〉
　Self-preservation is the first law of nature.

　このことわざは,利己的行動の軽口の言い訳としても,よく用いられます。

4. 意欲と願望

(1) 意欲のメリット

|教え| やる気があれば何でも簡単にできる

　江戸時代,米沢藩主の上杉鷹山が家臣に示した有名な歌に,「為せば成る為さねばならぬ何事も成らぬは人の為さぬなりけり」がありますが,これと同じことわざが次のものです。

〈意志のあるところには方法がある〉

Where there is a will, there is a way.

この訳語としては中国渡来の「精神一到何ごとか成らざらん」を当てていますが，いずれも事の成否を決めるのは，何かをやり遂げようとする意欲だという意味です。次の類義ことわざがあります。

〈進んでやれば何でも簡単である〉

All things are easy, that are done willingly.

〈喜び勇んでする苦労は苦労でない〉

A willing burden is no burden.

〈信念は山をも動かす〉

Faith will move mountains.

教え 困窮や不満が意欲を生み出す

では，やる気を起こさせるものは何でしょうか。それは生活の困窮とそこから生まれる現状への不満だとことわざはいいます。窮乏や不満があればこそ，人はそれを克服しようとする意欲をもつものです。その意味で，窮乏や不満は進歩の原動力といえます。

〈困窮は勤勉の母である〉

Want is the mother of industry.

〈不満は進歩の第一歩〉

Discontent is the first step in progress.

〈必要は発明の母〉

Necessity is the mother of invention. ＝「窮すれば通ず」

そして，何かをしたいという願望は，ことの成就が妨げられ，待たされれば待たされるほど，強くなるものです。

〈願望は遅延に育てられる〉

Desires are nourished by delays.

食事の場合も同様であって，窮乏とそれがもたらす空腹感が食べたいという気持ちを引き起こし，何でも美味しく食べさせてくれるのです。

〈空腹が最上の調味料である〉

　　Hunger is the best sauce. ＝「ひもじい時のまずい物なし」

|教え| 意欲を大切にしよう

意欲や願望はだれにでもあるものですから，それが無視されたり踏みにじられたりすれば，どんな人間でも反発するものです。

〈毛虫でも向かってくる〉

　　Even a worm will turn. ＝「一寸の虫にも五分の魂」

だから，意欲や願望は大切に扱わなければなりません。自由意志で働くものは強制されたものの二倍働きますが，やる気のないものはいくら強制しても無駄に終わります。

〈志願兵一人は徴用兵二人の価値がある〉

　　One volunteer is worth two pressed men.

〈聞く気のないものほど，耳の聞こえないものはいない〉

　　None so deaf as those who won't hear. ＝「心ここに在らざれば聴けども聞こえず」

〈見る気のないものほど，目の見えないものはいない〉

　　None so blind as those who won't see. ＝「心ここに在らざれば視れども見えず」

〈馬を水際まで連れていくことはできても，馬に水を飲ませることはできない〉

　　A man may lead (or take) a horse to the water but he cannot make him drink. ＝「匹夫も志を奪うべからず」

これは，人を動かすには機会や材料を提供できても，それを受け

入れて自らやる気を起こすよう強制することはできないというのです。

ところが一方では、やる気でいる者に、うっかり強制すると、やる気を失うから要注意です。

〈働く気でいる馬に拍車をかけるな〉
　Never spur a willing horse.

|教え| 理想は高く、求める気持ちは強く持て

物事を行うには、大きな目標を掲げなければなりません。易きにつこうとするものや志の低いものは、何ごとも成就しません。

〈大志は人を勤勉にする〉
　Ambition makes people diligent.
〈谷間に留まるものは山を越えられない〉
　He that stays in the valley, shall never get over the hill.
　＝「井の中の蛙大海を知らず」

アメリカの詩人・思想家のエマーソンは大望を抱けという意味で、次のように言いました。

〈汝の馬車を星につなげよ〉[エマーソン][10]
　Hitch your wagon to a star.

また、明治期、日本にやって来た札幌農学校のクラーク博士が残した言葉も有名です。

《少年よ、大志を抱け》[11]

---

[10] エマーソンの『社会と孤独』のなかにあります。
[11] ちなみに、この言葉の文脈は次のようです。〈少年よ、大志を抱け。金銭のためでもなく、利己心のためでもなく、空しい名声のためでもなく、人間としての理想を達成するためにこそ、大志を抱け〉

第3章 成功の極意を教える　65

Boys, be ambitious.

　何かを求めたいという気持ちや知りたいという願望があれば, 必ず叶えられるものです。聖書には次の言葉があります。

「求めよ, さらば与えられん」［マタイ伝］[12]
　Ask, and it shall be given you.

(2) 意欲のデメリット

|教え| 求める心だけではことは成就しない

　しかし意欲や願望がいくら大事だといっても, それだけではことは成就しないことも忘れてはなりません。たとえば体力です。

〈心は勇んでも肉体が弱ると何もできない〉［マタイ伝］[13]
　The spirit is willing, but the flesh is weak.

　そして, 願望を達成する最大の要因は, やはり努力だといえます。努力せずに願望が実現するのなら, だれも苦労はしません。

〈願望だけでは麻袋はいっぱいにならない〉
　Wishes never can fill a sack. ＝「祈るより稼げ」
〈もし願望が馬になるのなら, 乞食も馬に乗る〉
　If wishes were horses, beggars would ride.

　次のことわざは, 実行をともなわない善意や意欲をさらに手厳しく批判しています。

---

[12] マタイ伝には, この言葉の後に「探しなさい。そうすれば, 見つかる。門をたたきなさい。そうすれば, 開かれる」と続きます。
[13] これは, イエスがペテロに〈誘惑に陥らないように目を覚まして祈っていなさい〉と言った言葉の次に, 述べられています。

〈地獄への道は善意で舗装されている〉［聖ベルナール］[14]

The road to hell is paved with good intentions.

善意をもっていても，その行動が悪かったり，あるいは行動が意図を裏切ったりすると，人間は地獄に堕ち，塗炭の苦しみを味わうのです。

教え 願望や欲望にはマイナス面もある

意欲や願望は，それだけで事が成就しないというだけでなく，ここでは意欲や願望そのものがマイナスに働く場合もあるということわざを紹介しましょう。とくに人間の本能に根ざした欲望には，悪いものが多いのです。何かを欲しいとか，是が非でもしたいとか思う気持ちは，もしそれが必要以上に高じると，やがて法律さえ無視することになりかねません。悪いと知りながらも，してしまうのが人間です。

〈必要の前に法律なし〉

Necessity knows no law. ＝「背に腹は代えられぬ」

〈悪魔に駆り立てられると，せずにはいられない〉[15]

Needs must when the devil drives.

自分の願望のまま動けば，やがては不幸の原因をつくります。

〈願望は悲哀の原因である〉

Will is the cause of woe.

---

[14] このことわざは，オーストリア学派のフリードリヒ・ハイエクが『隷属への道』の中で用いてから有名になりました。理想に燃える社会主義などの計画経済がけっきょくは全体主義におちいり，人間の自由を抑圧するというものです。意図と結果の乖離をこのことわざは指摘しています。

[15] これは古くからあることわざで，シェイクスピアも『終わりよければすべてよし』のなかで，用いています。

また，欲望も度を超すと，「過ぎたるは猶及ばざるが如し」となり，すべてを失うことになります。イソップ物語には，一日一個の金の卵以上を望んでガチョウの腹を割き，元も子も失ったという話がありますが，それがもとでできたことわざが次のものです。

〈金の卵を生むガチョウを殺すな〉
　　Kill not the goose that lays the golden eggs.

これは貪欲のいましめとして使われます。

　だから，願望や欲望は少ないほうが幸せだともいえます。日本でも，「足るを知る者は富む」といいます。

〈欲しいものが少ない者こそ豊かである〉
　　He is rich that has few wants.

　また，たとえ願望や欲望が崇高な善意のものであるとしても，世の中にはそれを利用しようとする人たちがいて，彼らに過重に使われ，結果的に損をすることにもなるのです。

〈進んで働く馬にはだれでも重荷を背負わせる〉
　　All lay loads on a willing horse.

|教え| 願望が確信や理屈を生みだす

　願望にはもう一つの側面のあることも，承知しておかなければなりません。願望は自己を正当化しようとして理論や信念を生み出すことがあるということです。理論やそれに基づく信念は，本来は客観的なもので，人間の願望とは関係のないはずのものです。しかし，必ずしもそうでないところに，人間の人間たるゆえんがあります。人は正しいから信じるというよりも，そうなってほしいと願うから信じるのです。

〈人は願うことを信じるものである〉
　　We soon believe what we desire.

〈願望は思想の父である〉
The wish is father to the thought.

だから，信念や思想がいくら立派に見えても，無条件に信用してはならない場合があります。それらのものを背後から支えている動機，願望，人間性などとの関連なしには，信念や思想を客観的に把握することはできないと，これらのことわざは教えているのです。

次のことわざはさらにハッキリと，その気があればどのような理屈でも付けることができるとして，タテマエの後ろに隠された私利私欲を指摘します。

〈金を返そうとしないものは口実に事欠かない〉
An ill payer never wants an excuse.

さらに，確信は盲信に変わる危険があります。おのれの正義のみを信じ，他人の価値観をすべて否定するところまで進むと，もはや狂信といってよいでしょう。

〈人はおのれの正義のために盲目となる〉
Men are blind in their own cause.

5. 勇気と慎重

(1) 勇気の大切さ

[教え] 勇気をもって事に当たれ

成功するためには，これまで述べたように方法論や意欲も大切ですが，それにもまして必要なものがあります。それは勇気です。勇気は成功の第一の要件と言っていいのかも知れません。しかも，危険を冒しての成功は名誉をもたらします。

〈危険を冒さなければ何物も得ることはできない〉

Nothing ventured, nothing gained.＝「虎穴に入らずんば虎子を得ず」

〈牛は角でつかめ〉
　Take the bull by the horns.（危険には堂々と立ち向かえ）
〈幸運は勇者に味方する〉
　Fortune favors the bold.
〈危険が多ければ名誉も大きい〉
　The more danger, the more honor.

そして，ためらったり，弱気になったりするものには，幸運の女神は決して頰笑まないといいます。とくに恋においては，勇気のない者が美女を得たためしはないといいます。

〈ためらうものは失敗する〉
　He who hesitates is lost.
〈イラクサをやさしく扱えばたちまち刺される〉
　If you gently touch a nettle it'll sting you for your pains.

(2) 慎重の大切さ

|教え| 退くのも勇気のうちである

ところが勇気について注意すべきことがあります。それは，勇気がしばしば蛮勇や無鉄砲に結びつく危険があるということです。それを避けるために，勇気は慎重さと思慮深さに裏付けられなければなりません。慎重さは勇気の反意語ではありません。勇気の反意語は臆病または弱気です。慎重さは勇気を補完し，勇気を完全なものにするための資質です。

〈跳ぶ前に見よ〉［イソップ］
　Look before you leap. ＝「転ばぬ先の杖」，「念には念を入れよ」

イソップ物語『キツネとヤギ』の中の話に，井戸に落ちたキツネが通りかかったヤギに跳ぶように言い，その言葉に従って跳んだがために穴に落っこちたヤギに向かって言ったのが「跳ぶ前に見よ」という皮肉な忠告でした。ちなみに，キツネは落っこちたヤギの背中に乗って自分だけ穴から出ました。

〈思慮分別が勇気の大部分〉
　　Discretion is the better part of valor.

だから，戦いの場合は，戦局不利となれば逃げるのも勇気の一つです。敗れて全滅するよりは，逃げて再起を図るほうがはるかに賢明な戦術です。次のことわざは，そのことを説いているのです。

〈戦って逃げるものは，生きてまた戦うこともある〉
　　He who fights and runs away may live to fight another day. ＝「三十六計逃げるに如かず」
〈曲がるほうが折れるよりまし〉
　　Better bend than break. ＝「柳の枝に雪折れはなし」＝「柔よく剛を制す」

真の勇気は向こう見ずの蛮勇からはほど遠く，見た目には臆病に近いのかもしれません。

〈十分に勇気があれば，多くのものは臆病者になるだろう〉
　　Many would be cowards if they had courage enough.

しかし勇者と見なされる者の中には，逃げる勇気のなかった臆病者がいるかも知れません。

〈逃げる勇気がなかったから勇敢だと見なされたものもいる〉
　　Some have been thought brave because they were afraid to run away.

教え　あせらずゆっくりが勝利につながる

さらにことわざは、仕事の成功をもたらすのは急いでやることではなく、ゆっくりと慎重にやることであるといいます。

〈ゆっくり急げ〉
　　Make haste slowly.
〈ゆっくり着実にやれば必ず競走に勝つ〉［イソップ］
　　Slow and steady wins the race.

これはご存じ、足の速いウサギが途中で居眠りして、結局のろまのカメに負けたというイソップ物語『ウサギとカメ』が起源のことわざです。

あわてることを戒めることわざは、次にように多くあります。

〈急ぎは浪費のもと〉
　　Haste makes waste. ＝「短気は損気」

結婚も同じで、あわてて結婚すると失敗します。

〈急いで結婚、ゆっくり後悔〉
　　Marry in haste, and repent at leisure.

人間の成長についても、早熟型より大器晩成型がよいといいます。早く成長すれば、早く駄目になるのです。

〈早く熟すれば早く腐る〉
　　Soon ripe, soon rotten.
〈五歳で大人並みの子は十五歳では愚か者〉
　　A man at five may be a fool at fifteen. ＝「十で神童、十五で才子、二十過ぎればただの人」

教え 人の説得は柔らかく、また間接的にせよ

人を説得するにも、急いで厳しい態度を採ってはいけません。厳しい態度より柔らかい態度のほうが有効であることが多いのです。

「物は言いよう」です。何かものを頼む場合，単刀直入にきつい言い方をすれば，相手は気分を害しますが，柔らかくゆっくり頼めばこころよく聞いてもらえることもあります。

〈酢より蜂蜜を使うほうがたくさんの蝿がつかまる〉
    You can catch more flies with honey than with vinegar.
    ＝「柔よく剛を制す」
〈やさしく応答すれば相手の怒りはしずまる〉[箴言]
    A soft answer turns away wrath.
〈やさしい命令には大きな力が隠されている〉
    There is great force hidden in a sweet command.

6. 忍耐と努力

(1) 忍耐と継続の大切さ

|教え| どんな仕事でも最後までやり抜け

ものごとを成功させる大きな資質に忍耐があります。好きなことはいつまでもやりますが，そうでないことは長続きしない人が多いようです。しかし，一見つまらなそうに思える仕事でも，最後までやってみなければ，その仕事が価値あるものかどうかは判らないのです。それに，まったく価値の無い仕事というものはあり得ません。だから，途中で気が変わったり，見切りを付けたりして，他に乗り換えるのは愚かの極みです。

〈物事は中途半端でやめるな〉
    Never do things by halves.
〈いやしくもする価値のあることは立派にする価値がある〉[チェスターフィールド卿]
    Whatever is worth doing at all, is worth doing well.
〈1ペニーの仕事を始めたからには1ポンドを手に入れるまでや

れ〉

　In for a penny, in for a pound. ＝「乗りかかった船」

とくに，ある集団が危機に臨んだような場合，それを乗り切るためには，指導者や制度を変えるなといいます。

〈流れの真ん中で馬を乗りかえるな〉
　Don't change horses in mid-stream.

教え 継続すれば出来るようになる

スポーツにしても楽器などの演奏にしても，習い始めた段階では何でも難しいものです。しかし，繰りかえしておこなっているうちに，次第に慣れてきて，最初できなかったこともできるようになるものです。日本でも「習うより慣れよ」といいますが，このような反復練習を通して人は技能や知識を獲得していくものです。次の類義ことわざがあります。

〈簡単に出来るようになるまでには，何でも難しい〉
　All things are difficult before they are easy.
〈練習が完全をもたらす〉
　Practice makes perfect. ＝「習うより慣れよ」

スポーツだけではありません。どんな小さなものでも，また力のないものでも，忍耐と努力の継続でやがて大きな力となり，大事業を成し遂げることができるのです。成功するためには，どのような方法論を弄するよりも，こつこつと地道に継続することが大切であると教える正攻法のことわざが，英語ではやはりもっとも多いようです。

〈小さな打撃も大きなカシの木を倒す〉
　Little strokes fell great oaks.
〈絶えず落ちる水滴は石にさえ穴をあける〉

Constant dropping wears away the stone. ＝「点滴石を穿つ」

〈一度でうまくいかなければ何度でもやれ〉

If at first you don't succeed, try, try, try again.

〈事をなすのは頑張りである〉

It's dogged that does it.

《ローマは一日にして成らず》

Rome was not built in a day.

《転石，苔を生ぜず》[16]

A rolling stone gathers no moss.

|教え| ことを成就させるのは忍耐と我慢である

前節では，少しずつでも継続すれば大きな力になり，やがて大事業を達成できることを学びましたが，「三日坊主」という言葉があるように，継続することはまことに大変なことです。だから，ことわざはもう一つの条件として，忍耐を持ち出します。継続することの苦痛をじっと我慢するのが忍耐です。あきらめずに辛抱強く待てば，大抵のことはかなうものだといいます。

〈待つ人のところへはどんなものでもやってくる〉

Everything comes to him who waits.

そして目的達成のためには，どんなに嫌なことであっても避けて通ることなく，最後まで苦痛に堪えて我慢しなければならないと説きます。この類義ことわざは沢山あります。

---

[16] このことわざが昔イギリスでできたころは，コケは価値のあるもので一か所にじっとして辛抱している人間は成功するが，職や住居を転々とする者は成功しないという意味でした。しかしこのことわざはアメリカのような流動社会にあっては，コケは古臭いカビのようなものに変わり，活動する人間のほうが大成するという意味でも使われるようになったのです。文化の土壌がことわざの意味を変えた例といっていいでしょう。

〈気に入らなくても我慢せよ〉
　　If you do not like it you may lump it.
〈直らないものは我慢する以外にない〉
　　What can't be cured must be endured.
〈笑って我慢せよ〉
　　You must grin and bear it.

(2) 最後の決め手は努力

　教え　目的を実現させるのは勤勉と努力である

　目的を達成させ，成功を収めるためには，いろいろな条件が必要であることを見てきました。しかし，一番大切なものは何かといえば，それはやはり継続する努力と，そしてそれを可能にする勤勉という資質です。偉大な業績をあげた人をよく天才と呼び，凡人には及びもつかない特殊な能力の持ち主と考えがちですが，そうではありません。もし特別な能力があるとすれば，それは努力できる能力です。ここに集めたのは，言葉では立派なことを言い，自らは努力しない人たちに捧げたいことわざです。

〈苦労なくして利益はない〉
　　No gain (*or* gains) without pain (*or* pains). ＝「苦は楽の種」
〈汗を流さずに甘いものはもらえない〉
　　No sweet without sweat. ＝「棚から牡丹餅は落ちてこない」
〈天才とは1パーセントの霊感と99パーセントの発汗である〉［トマス・エディソン］
　　Genius is one per cent inspiration, ninety-nine per cent perspiration.
〈天才とは無限に努力できる能力のことである〉［トーマス・カーライル］

Genius is an infinite capacity for taking pains.

> [教え] 苦難を越えて栄光をつかもう

退嬰的な人間は出来ない口実を見つけようとするものですが,進取の気性に富む人間は結果の如何を考えず,まず取り組もうとします。何が出来るかは,やってみなければ分からないのです。

〈してみなければ何ができるかわからない〉
　You never know what you can do till you try.

最後に,ことわざは,歴史に残る事業は座していては達成できないこと,栄光は艱難なくしてはあり得ないことを,格調高く宣言しています。

〈時の砂に残る足跡は座していてはできない〉[ロングフェロー]
　Footprints on the sands of time are not made by sitting down.
〈十字架なくしては王冠はなし〉[ウィリアム・ペン]
　No cross, no crown.
〈苦難に打ち勝って栄光の星へ〉
　Through hardship to the stars.

こうして見てくると,方法論を説くことわざは,最後には,方法論を越えた努力至上主義をたたえることわざに行き着くことになるようです。

さて,この章をお読みいただいた読者の方は,次のクイズに挑戦してみてください。

クイズ9 「成功の極意」

【問】 ①〜⑤は,カッコの中から適切な語句を選んで空所を埋

第3章　成功の極意を教える　　77

めなさい。また⑥〜⑨は適切な語句で空所を埋めなさい。

① 〈すぐに覚えたことはすぐに（　　）〉（役立つ・古くなる・忘れる）
② 〈娘を獲得しようとするものは，まず（　　）から始めよ〉（父親・母親・兄弟）
③ 〈刈り入れの（　　）者はよく切れる鎌を持ったためしがない〉（嫌いな・下手な・上手な）
④ 〈（　　）をつけた猫はネズミを捕らない〉（手袋・帽子・マスク）
⑤ 〈よく跳ぶためには，まず（　　）〉（速く走れ・力をつけよ・後ろへ引け）[モンテーニュ]
⑥ 〈チョウを殺すのに（　　）を持ち出すな〉
⑦ 《溺れる者は（　　）をもつかむ》
⑧ 〈今日できることは（　　）まで延ばすな〉
⑨ 〈時間はその前髪を捕まえよ，（　　）はないから〉

答　①（忘れる）Soon learnt, soon forgotten. =「早合点の早忘れ」　②（母親）He that would the daughter win, must with the mother first begin.　③（下手な）A bad shearer never had a good sickle.　④（手袋）A cat in gloves catches no mice.　⑤（後ろへ引け）One must draw back in order to leap better.［モンテーニュ］　⑥（鉄砲）Take not a musket to kill a butterfly.　⑦（藁）A drowning man will catch at a straw.　⑧（明日）Never put off till tomorrow what can be done today.　⑨（後ろ髪）Take time by the forelock, for she is bald behind.

第4章　社会生活の知恵を教える

　人間は社会的動物であるといわれるように，社会を形成し生活しています。社会生活では個人レベルでの交遊から，組織的な集団行動にいたるまで，さまざま活動が行われています。その中からここでは次の四つの項目を取り上げ，ことわざの言っていることを見てみましょう。

1. 交友と友人　　2. 指導と服従
3. 金銭と節約　　4. 悪事と悪人

1. 交友と友人

(1) 交友の大切さ

　[教え]　同じもの同士は自然に集まるものである

　現在は個人主義の時代，自意識過剰な人は自分が今日あるは自分が持てる力を発揮したがためであって，他人のお蔭ではないと思いがちです。しかしそれは間違いで，人は誰でも一人では生きることはできません。生きるために，大は国家から小は家族に至るまで，人はさまざまなレベルの集団をつくります。最小のレベルの集団

に，夫婦，友人，仕事仲間などがあります。そこには性格，気質，趣味などを同じくする者が集まっています。

〈同じ羽の鳥は群れをなす〉
　　Birds of a feather flock together. ＝「類は友を呼ぶ」
〈似たもの同志が集まる〉
　　Like attracts like.
〈どんなジャックにもジルがいる〉
　　Every Jack has his Jill. ＝「割れ鍋に綴じ蓋」

また，政治家は目的が同じだと，たとえ気心の知れない者とも野合するし，会社員は同じ仕事をしていると，上司と部下は互いに似てきます。

〈政治は奇妙な同衾者を仕立てる〉
　　Politics makes strange bedfellows.
〈主人と部下は似たもの〉[1]
　　Like master, like man.

|教え| 人は仲間から影響を受ける

同じグループのもの同士が似ているのは，似たもの同士が集まるからともいえますが，同時に集まった者がお互いに影響を与え合うことで似てくる，ということもあります。

男女のペアも同じです。男がよければ女もよくなるし，妻がよければ夫もよくなるといいます。

〈夫は妻次第〉
　　A good wife makes a good husband.

---

[1] 日本のことわざでは，上司も部下も立派だと，「この主人にしてこの家来あり」といい，両方ともだらしないと，「主が主なら家来も家来」ということが多いようです。

〈妻は夫次第〉
　A good husband makes a good wife.

お互いに似てきますから，人を知るにはその交友関係を見ればよいということになります。

〈人は交わる友によって知られる〉
　A man is known by the company he keeps.

しかしこのような影響は，良いものばかりではありません。ことわざの世界ではむしろ悪い影響のほうが多いのです。

家族や組織などには，異質な，はみ出し者がいるものですが，そのような場合ことわざは，

〈どの群にも黒い羊がいる〉
　There is a black sheep in every flock.

といいます。さらにことわざは，そのようなワルが一人でもいると周囲にすぐに影響し，全体が悪くなるといいます。

〈腐ったリンゴは傍らのリンゴを腐らせる〉
　The rotten apple injures its neighbor. ＝「一桃腐りて百桃損ず」
〈瀝青に触れるものは汚れる〉
　He that touches pitch shall be defiled. ＝「朱に交われば赤くなる」
〈狼と付き合うものは吠えることを覚える〉
　Who keeps company with the wolf will learn to howl.

[教え] 大きなグループはまとまりにくい

グループも，二人のときはだいたいがうまくいくのは男女の関係を見ればわかります。ところが，二人以上になると，それまでうまくいっていた人間関係も，ギクシャクし始めます。仲良しの二人に

もう一人が加われば，三角関係になるからです。

故ダイアナ妃は離婚の前年の 1995 年 11 月，BBC テレビのインタビューで次のように語りました。

〈この結婚には三人いましたから，少し混みすぎです〉［ダイアナ妃］
There was three of us in this marriage, so it was a bit crowded.

この気の利いた彼女の言葉は，おそらく次のことわざが下敷きになっているものと思われます。

〈二人では仲間，三人では群衆〉
Two is company, three is a crowd. ＝「三人連れは喧嘩の元」

また，大きな組織を機能的に運営するには，組織の一人一人に責任を分担させることでしょう。共同責任にすると，無責任になる恐れがあります。

〈みんなの仕事はだれの仕事でもない〉
Everybody's business is nobody's business.

さらに大きな集団になれば，仕事の推進だけでなく人間関係の維持の面でも，いっそう難しくなります。大きな組織では，お互いにしていることがわからなくなるからです。

〈左手は右手のしていることを知らない〉
The left hand doesn't know what the right hand is doing.（大きな組織ではお互いのことを知らない）

〈世間の半分は残りの半分の生活を知らない〉
Half the world knows not how the other half lives.

教え　団結すると強いが，分裂すると弱い

集団の強さはその団結にあります。反目したり，分裂したりして団結を崩すと，それまで強かった集団もとたんに弱くなります。

〈団結は力なり〉
　Union is strength.
〈団結すれば立ち，分裂すれば倒れる〉
　United we stand, divided we fall.
〈バラバラになった家庭は立ちゆかない〉［マタイ伝，マルコ伝］
　A house divided against itself cannot stand.

政治家や戦術家はそのことを心得ていて，勝利を得るためには，敵が団結しないように，お互いに争わせよといいます。そして征服したその後は，分割して統治するのです。そうすれば反乱を起こす力も弱まるからです。

〈分裂させて征服せよ〉
　Divide and conquer.
〈分割して統治せよ〉
　Divide and rule.

教え　集団を纏めるにはそれなりの知恵が必要である

集団は自らを維持するための知恵を必要とします。ことわざはそのための方法をいくつか説いていますが，一つは宗教です。

〈ともに祈る家族はいつまでも別れない〉
　The family that prays together stays together.

団結にはまた，相互の信頼関係が不可欠です。そのためには，お互いが友愛で結ばれていなくてはなりません。悪人とて，その例外ではありません。

〈一片の人情が世の中を親密にさせる〉［シェイクスピア『トロイラスとクレシダ』］

第4章　社会生活の知恵を教える　　83

　　One touch of nature makes the whole world kin.
〈盗人にも体面がある〉
　　There is honor among thieves. ＝「盗人にも仁義あり」

　次は，秘密厳守です。仲間の秘密は，外に漏らしてはいけません。集団は，自己防衛上，そのような秘密を売ってはいけないという掟をつくります。

〈学校の中の話を外でするな〉
　　Never tell tales out of school.
〈名前を出さなければ，軍規違反の罰もない〉
　　No names, no pack drill.（pack drill とは軍装したまま歩き回らせる罰）

　さらに次のようなことわざもあります。

〈悪を見ず，悪を聞かず，悪を言わず〉
　　See no evil, hear no evil, speak no evil.

　いうまでもなく，これは日光東照宮にある三猿の像「見猿，聞か猿，言わ猿」の故事を借用してできたことわざです。他人の罪や欠点などに対しては，目と耳と口をふさいだ三匹の猿のように賢く振る舞えば，地域の平和が保たれるという処世訓なのです。

(2)　友情の本質

　教え　友人は成功すると増え，失敗すると減る

　成功し，裕福なとき，何かと人が集まって来るものです。そのようなときは，友人に不足することはありません。一つには，成功した人間の側にいれば，自分もその成功にあやかれるかもしれないし，うまくいけばお零れにあずかることができるという思惑があるのでしょう。次のことわざもそうです。

〈成功すれば友人が増える〉
　Success has many friends.

　成功した友人に人が寄りつくもう一つの理由には、人は悲しいことより楽しいことのほうが好きだということがあります。

〈楽しい時間はみなで過ごせる〉
　A good time was had by all.

　しかし、成功が必ずしもいつまでも続くとはかぎりません。落ち目になり、財を失うと、それまで「門前市を成す」ごとく蝟集(いしゅう)した友人の足は次第に遠のき、やがて「門前雀羅(じゃくら)を張る」ことになります。

〈貧困は友情を断ち切る〉
　Poverty parts friendship.

〈繁栄のときは友が多くなるが、逆境では20人中一人もいなくなる〉
　In time of prosperity, friends will be plenty; in time of adversity, not one amongst twenty.

　その意味では、友人というものは非情なものです。楽しいとき一緒に笑ってくれたものが、悲しいとき一緒に泣いてくれないのです。

〈笑えば人も一緒に笑ってくれるが、泣けば人は一緒に泣いてくれない〉［エラ・ウィルコックス］
　Laugh and the world laughs with you, weep and you weep alone.

[教え] 友情を壊すのは金銭である

　豊かなとき寄りついた友人が貧しくなると去っていくということは、友情はやはり金銭に支配されるということです。友人に借金を

第4章　社会生活の知恵を教える

し，返せなくてトラブルが生まれ，友情が破壊された例は，数え切れないくらいあります。そこで，友人同士の金銭の貸借をいましめることわざが必要になるのです。

〈金を貸せば友を失う〉
　Lend your money and lose your friend.
〈金を貸してやったときは友達だったが，請求したら冷たくなった〉
　When I lent I had a friend; when I asked he was unkind. ＝「借りるときの地蔵顔，返すときの閻魔顔」

借金をしないのが一番よいのは当然の話ですが，そうせざるをえないのが逆境たるゆえんです。万が一にも借金をしたならば，すぐに返すことです。

〈清算日が短いと友情は長続きする〉
　Short reckonings make long friends.

教え　友人の過信は裏切りのもとである

信頼する友人の裏切りは，悲しいものです。裏切られないためには，友を愛してもよいが，友情の限界をわきまえ，信頼するのは自分だけにせよとことわざはいいます。

〈友を愛してもよいが，信じるのは自分だけにせよ〉
　Love your friend, but look to yourself.

友のなかには仮面をかぶった敵がいるかも知れません。だから，友情そのものが疑わしいということわざが生まれることにもなります。

〈仲間意識には欺瞞がある〉
　There is falsehood in fellowship.

とくに八方美人の友人は，ほかに多くの友達をもつためでしょうか，一人の友達に誠意をつくしてくれるとはかぎりません。

〈だれとでも友達になるものはだれとも友達でない〉
　　A friend to everybody is a friend to nobody.

信じた友に裏切られるより，公然の敵にやっつけられたほうがましです。

〈偽りの友よりあからさまな敵のほうがまし〉
　　Better be an open enemy than a false friend. ＝「獅子身中の虫」

〈バラのトゲに刺されるよりイラクサに刺されるほうがまし〉
　　It is better to be stung by a nettle than pricked by a rose.

〈信頼は欺瞞の母〉
　　Trust is the mother of deceit.

|教え| 友人は悲しみを半減し，喜びを倍加する

友情の過信は危険だとわかっていても，逆境にあって悲しみに沈んでいるとき，人はとかく友人にすがろうとするものです。悲しみを和らげてくれる人が欲しいからです。悲しみを和らげてくれる人なら，だれでもいいのです。

〈不幸は交友を好む〉
　　Misery loves company. ＝「同病相憐れむ」

〈不幸になると気心の知れない者とも友達になる〉
　　Misery (*or* Misfortune, *or* Adversity, *or* Poverty) makes strange bedfellows.

なぜ人は仲間を求めるかといえば，悲しいとき仲間がいればその悲しみが半減するし，楽しいとき友人がいると，その楽しみが倍加

〈分かち合えば喜びは倍加し，悲しみは半減する〉
　　When shared, joy is doubled and sorrow halved.
〈逆境のときの仲間は悲しみを和らげてくれる〉
　　Company in distress makes sorrow light.

|教え| 困ったときに助けてくれるのが真の友人である

　苦境にあるとき，人は以前の幸せであったとき以上に友人を求めるものですが，逆に友人は離れていこうとします。だから，苦しいとき助けてくれる友人こそ，本当の友人なのです。

《まさかの時の友こそ真の友》
　　A friend in need is a friend indeed.
〈分かち合う友こそが自分を心配してくれる友だ〉
　　A friend who shares is a friend who cares.

　苦境は，友情が本物であるかどうか試す試金石になってくれます。借金をして壊れるような友情は，早く壊れたほうがよいのです。

〈貧乏すると友の正体がわかる〉
　　At the need the friend is known.

　そうは言うものの，やはり友達はよいものです。なかでも，苦楽をともにしてきた古くからの友人は，一番よいものです。たとえ，数は少なくても，そのような友人をもつことは，人生の最高の幸せというべきでしょう。

〈古い友と古い酒が一番いい〉
　　Old friends and old wine are best.
〈書物と友人はよいものを少し持つのがいい〉
　　Books and friends should be few but good.

〈真の友をもつものは豊かである〉
　They are rich who have true friends.

2. 指導と服従

(1) 指導者の存在価値

|教え|　小集団でもリーダーになったほうがよい

　古来，人間は群をなして生きてきました。群が生き延びるためには，力をもったリーダーが必要です。すぐれたリーダーが不在だと群は結束を欠き，群そのものが存立の危機にさらされるからです。

〈猫がいないとネズミがあばれる〉
　When the cat is away, the mice will play.

　このことわざはまた，厳しすぎるリーダーに対して，人間は息抜きが必要だという，「鬼の居ぬ間の洗濯」の意味でも用いられます。
　集団は自らの存立のためにリーダーを必要としますが，個人の側にも己の存在意義をリーダーになることに求めようとする欲求があるようです。俗に，どんな小さな組織でもいいからトップに立ちたい，と思う人がいます。そしてそれを勧めることわざも多くあります。
　「鶏口となるも牛後となるなかれ」に類することわざがそれです。現代風にいえば，大きなグループのなかの一員として指揮・監督される立場でいるよりは，たとえ小さなグループでもリードする立場の者になったほうがよいというのです。

〈ライオンの尻尾になるより，犬の頭になったほうがよい〉
　Better be the head of a dog than the tail of a lion.
〈馬の尻尾になるよりは犬の頭になるほうがよい〉
　Better be the head of a dog than the tail of a horse.

第4章 社会生活の知恵を教える

〈ローマで二番でいるよりは，村で一番でいるほうがよい〉[シーザーの言葉に由来]

　Better be first in the village than second at Rome.

|教え| リーダーは一人がよい

しかし，集団にはリーダーが必要だといっても，多すぎてはいけません。その組織はうまく機能しなくなる恐れがあるからです。次のようなことわざがあります。

〈料理人が多すぎるとスープの味がだめになる〉

　Too many cooks spoil the broth. ＝「船頭多くして船山に登る」

また，二人以上のものがどちらも同じリーダーの位置につこうとすると「両雄並び立たず」で，いさかいが起こります。

〈両雄が出会えば決戦が起こる〉

　When Greek meets Greek, then comes the tug of war.

いさかいを避けるためには，どうしても秩序が必要になり，リーダーに序列をつけなければなりません。

〈二人で一頭の馬に乗るとすれば，一人は後ろに乗らなければならない〉

　If two men ride on a horse, one must ride behind.

一方，部下のものにも，守るべき義務があります。それは，リーダーとして責任をもって仕事をしているものに，端から口出ししてはいけないということです。

〈舵輪を握るものに口出しするな〉

　Don't speak to the man at the wheel.

|教え| リーダーにはその資格が必要である

リーダーにはそれなりの資格がいります。第一に，危難を乗り切る力がなければなりません。たとえば水先案内人は誰にでも務まるわけではありません。海が静かなときはいいですが，嵐はいつ来るかもしれないのです。凪のときでも，嵐を乗り切る自信のあるものだけが，水先案内をつとめるべきです。

〈凪の海ではだれでも水先案内がつとまる〉（平和時の指導は易しい）

In a calm sea every man is a pilot.

次は率先垂範の能力です。先頭に立つものが範を垂れてこそ，集団は後ろにしたがうものです。

〈羊が一匹溝を飛び越せば，残りはみんなついていく〉

If one sheep leaps over the ditch, all the rest will follow.

そしてリーダーたるもの，先見の明をもたなくてはなりません。さもないと，集団は過ちを犯すことになります。

〈盲人が盲人の手を引いていけば，二人とも溝に落ちる〉［マタイ伝］

If the blind lead the blind, both shall fall into the ditch.

さらに，リーダーたるものは，財政力をもたなくてはなりません。出費を負担するものにだけ，命令権や発言権があります。金を出さずに口だけ出すのは，慎まなければなりません。

〈金を払うものが笛吹きに曲を指示できる〉[2]

He who pays the piper calls the tune.

最後に，リーダーたるものは部下を信頼し，部下に仕事を任せな

---

[2] グリム童話『ハーメルンの笛吹き男』にもあるように，中世にはダンスの伴奏は笛で行われました。

〈犬を飼いながらなぜ自分で吠えるのか〉
　Why keep a dog and bark yourself?

[教え] リーダーの絶対的権力は危険である

　いったん絶対的権力を握ると，人間は独善に陥りがちになります。権力には恐ろしい魔力があるといわざるをえません。持てば使わずにはおれなくなるものです。車を持つと人格が変わるという，運転者心理と一脈通じるのかもしれません。

〈金槌しかもっていないと，すべてのものが釘に見える〉
　When all you have is a hammer, everything looks like a nail.
〈絶対的権力は絶対に腐敗する〉[ジョン・アクトン卿][3]
　Absolute power corrupts absolutely.

(2) 脇役の存在価値

[教え] 脇役として気楽に過ごしたほうがよい

　前掲の「鶏口となるも牛後となるなかれ」とは反対の意味をもつことわざがあります。小グループとはいえ，トップの座に就けば何かと忙しく，苦労の種も尽きません。そんな立場にいるよりは，安定した大きな組織のなかで，脇役として責任もなく気楽に過ごしたほうが仕合わせであるというものです。「寄らば大樹の陰」に相当することわざです。

〈キツネの頭になるより，ライオンの尻尾になったほうがよい〉

---

[3] 英国の歴史家ジョン・アクトンが1887年4月5日に歴史家マンデル・クレートンに宛てた手紙の中に書かれた言葉。「絶対」を反復するレトリックの力を借りて，権力の危険を印象づけようとしています。

Better be the tail of lions than the head of foxes.
〈ロバの頭になるよりは馬の尻尾になったほうがよい〉
Better be the tail of a horse than the head of an ass.

|教え| よい脇役がよいリーダーとなる

ただ,脇役にはもっと積極的な意味があることを忘れてはなりません。それは一つには,優れたリーダーになるためには,指導される者の気持ちが分からなければならず,そのためには指導される者の立場を経験すべきであるということです。

〈服従できない者は支配できない〉[ベンジャミン・フランクリン]
He that cannot obey cannot command.
〈主人たるものは他人に仕えなければならない〉
He that is a master must serve another.

もう一つには,脇役が実は主役を動かすという一面があるということです。番頭が旦那を思いのままに動かしたり,妻が夫を操縦したりすることはよくある例です。

〈従順な妻が夫を動かす〉
An obedient wife commands her husband.

人間が自然を利用する場合についても同様なことがいえます。自然の法則を知り,その法則にしたがうものだけが,自然を利用したり,開発したりできるのです。

〈自然は従うことによって征服できる〉
Nature is conquered by obeying her.

3. 金銭と節約

(1) 金銭の本質と節約の勧め

|教え| 金は金持ちにたまり，貧乏人にたまらない

〈銀のさじを口にくわえて生まれる〉Born with a silver spoon in one's mouth という慣用句がありますが，そんな生まれながらの金持に金はますますたまるものです。

〈金が金を生む〉
　　Money begets money.

しかし，貧乏人には金はなかなか貯まらないのが実感です。その理由をことわざは教えてくれます。

〈金をつくるには金が必要だ〉
　　It takes money to make money.

つまり元手のない者には金は生み出しようもありません。それに少し貯まっても，すぐに無くなるのは，次の理由だと言います。

〈金はポケットに焼け穴をつくる〉
　　Money burns a hole in the pocket.
〈金は丸いので転がり去る〉
　　Money is round, and rolls away.

だから，貧乏人は「金は天下の回り物」といって，諦めるしかないのかもしれません。

|教え| 悪銭は身につかない

とくに，苦労せずに簡単に手にはいった物は，簡単に出ていきます。得るために苦労しなかった分，得たものへの愛着が薄いからでしょう。とくに不正手段で手に入れた金品については，そのことが

言えます。「悪銭身につかず」です。疚しさがそれを早く手放すよう促すのかもしれないし、公正なる神が不正蓄財を許さないためかもしれないのです。

〈得やすいものは失いやすい〉
　Easy come, easy go.
〈不当に得たものは不当に使われる〉
　Ill got, ill spent.

|教え| 将来に備えて節約し、できるだけ蓄えよう

日本をはじめ欧米先進国は、前世紀の世界大戦後からつい最近まで、消費は美徳とばかり、生産物の浪費を繰り返してきました。その結果が地球環境の破壊をもたらし、あらためて節約の尊さに気づかされました。しかし、ことわざの世界では、人々は昔から無駄遣いや浪費をいましめ、将来に向けて蓄えることをすすめてきました。今こそ、われわれは古人の知恵に学ぶべきときです。

〈万が一にそなえて、なにがしかを蓄えよ〉
　Keep something for a rainy day.
〈浪費しなければ窮乏することもない〉
　Waste not, want not.

貧乏は、たとえそれが浪費の結果であるにせよ、そのこと自体は罪悪ではないし、また恥じる必要もありません。しかし、貧乏はさまざまの不便を提供します。

〈貧しいことは罪ではない〉
　Poverty is no sin.
〈貧乏は不名誉ではないが不便だ〉
　Poverty is no disgrace, but it is a great inconvenience.
〈金がなければ快適生活もない〉
　Want of money, want of comfort.

したがって，人間らしい生活をするためには，できるだけ節約して将来に備えることです。とくに企業経営をする人は，人件費の節約を心がけなければなりません。役に立たない人を扶養するのは，経費の無駄遣いです。

〈ネズミを捕る猫より余計に猫は飼うな〉
　Keep no more cats than will catch mice.

また，ものが安く買えるとき，高い設備資金をかけて自分で生産する必要はありません。

〈ミルクが安く手に入るのに，なぜ牛を飼うのか〉
　Why buy a cow when milk is so cheap?

現在，役に立たないように見えるものでも，将来役に立つことがあります。

〈物は7年取っておけば使い道が出てくる〉
　Keep a thing seven years and you'll find a use for it.

節約につとめ，たしかな生活の基盤をつくることが，もっとも大切なことです。節約を忘れ，浪費に走るのは，愚か者のすることです。

〈愚者と金は相性が悪い〉
　A fool and wealth cannot possess each other.

節約することは，稼ぐことと同じと知るべきです。

〈1ペニーの節約は1ペニーの稼ぎ〉
　A penny saved is a penny earned (*or* gained).

しかし，あまりにも節約が高じると，他人にはケチと思われます。その代表が昔のイギリスでは，靴屋でした。日本にも「紺屋の白袴」があります。

〈靴屋の息子はいつも裸足〉

The shoemaker's son always goes barefoot.

このことわざは，本当は忙しくて家族の面倒まで見ていられないのでしょうが，他人にはそれが吝嗇にも見えるのです。しかし，節約精神としては立派なものというべきです。

|教え| 金銭の貸借はするな

生活の安定のためには，人間は借金をしてはいけません。借金がなければ，トラブルにも巻き込まれないし，法を犯す危険もありません。

〈借金がなければ危険なし〉

Out of debt, out of danger.

〈借りる者は貸す者の僕(しもべ)となる〉［箴言］[4]

The borrower is a slave to the lender.

〈借り手にも貸し手にもなるな〉［シェイクスピア『ハムレット』］

Neither a borrower nor a lender be.

すでに触れたように，金の貸借は友情を破壊するので，友人の間で金銭の貸借はしてはいけません。やむを得ずした借金はすぐに清算することです。

また，やたらに他人におごりたがるものがいますが，そういう人にかぎって借金生活をしているものです。まず借金を返済せよとことわざは教えます。

〈気前良くする前に，まず義務を果たせ〉

Be just before you are generous.

---

[4] 箴言 22 には，「富める者は資力の乏しい者たちを支配する者となり，借りる者は貸す人の僕となる」The rich rule over the poor, the borrower is a slave to the lender. とあります。

第4章　社会生活の知恵を教える　　97

|教え|　生計のよりどころを大切にしよう

　会社であれ，家庭であれ，自分が依拠している生活の基盤は，大切にしなければなりません。無益な言い争いは避けるべきだと言います。

〈自分を食べさせてくれる人の手を噛むな〉
　　Don't bite the hand that feeds you.
〈飯の種とは言い争うな〉
　　Don't quarrel with your bread and butter.
〈自分を支えている枝を切るな〉
　　Don't cut the bough you are standing on.

(2)　金銭を持つことのメリット

|教え|　金持ちにはだれもがへつらう

　友人をもつことにかけては，金持ちには絶対的な強みがあります。たれもが，金持ちを友人にもつことの利益を知っているからです。

〈財布が一杯のものは友達に不足せず〉
　　He that hath a full purse never wanted a friend.
〈だれでも殿様が好きだ〉
　　Everybody loves a lord.

　人はそもそも，富豪や権力者が好きだから，彼らのまわりに寄りつくともいえます。

〈金持ちの冗談はいつも面白い〉
　　A rich man's joke is always funny.

　いくらつまらなくても，金持ちの冗談には，取り巻きはみなが面白がり，笑ってくれるのです。

一方，金持ちを取り巻く貧乏人は，気に入られるためにお世辞をいわねばならず，口がうまくなければなりません。

〈財布に銀貨のないものは，口を滑らかにしなければならない〉
He that hath not silver in his purse should have silk in (*or* on) his tongue.

|教え| 金がものをいう世の中である

金をもつ人間は大きな権力を持ちます。金の力で，多くの人の心を動かすことができるし，買収さえできます。日本でも「地獄の沙汰も金次第」といいます。

〈金は馬でも歩かせる〉
Money makes the mare to go.
〈どんな人でも金で買える〉
Every man has his price.
〈黄金の鍵はどんな扉でも開ける〉
A golden key opens every door.

法律さえ特別待遇をさせることができます。一定額の保釈金を払えば，拘留を免れ釈放されることもできますが，金がなければそれもできません。

〈金持ちの法律と貧乏人の法律は別〉
One law for the rich and another for the poor.

そんなことのできない貧乏人にも，金の力を実感できる唯一の機会があります。それは，金を使うときです。このときは，貧乏人でも王様の気分を味わえるのです。最近は日本でも「消費者は神様」などといいます。

〈顧客は常に正しい〉[5]

> The customer is always right.

[教え] 金銭は心身の健康を保証してくれる

確かに,金銭は諸悪の元凶ではありますが,だからといって金銭が無用であるということはできません。それどころか,暮らしのためには金銭は不可欠なものです。人間は貧乏が長く続くと,肉体も病み,精神も不安定になるものです。

〈空(から)の袋はまっすぐには立たない〉

> An empty sack cannot stand upright. ＝「恒産無き者は恒心無し」

結婚生活ではとくに物質的基盤が大切です。愛情を保つためにも,生活の糧は必要です。

〈まず商売がうまくいってから女房をもらえ〉

> First thrive and then wive.

健全な精神や豊かな愛情など,人間の精神的な活動は,物質的なものが前提となって可能となります。金があれば心は軽くなります。

〈財布が重いと,心は軽くなる〉

> A heavy purse makes a light heart.

[教え] パンは生きるために一番大切なものである

パンは,命を支える一番大切なものです。食べ物がなくなると人は怒りっぽくなり,争いを起こしますが,食べ物があれば心はなご

---

[5] ロンドンのデパート,セルフリッジズの創業者ハリー・ゴードン・セルフリッジの言葉に由来するといわれているが,今日では多くの実業家が使う言葉です。

〈パンは命の糧〉
　Bread is the staff of life.
〈空腹人間は怒りっぽい〉
　A hungry man is an angry man.
〈食卓を広げれば争いはやむ〉
　Spread the table, and contention will cease.

　日本のことわざにも「腹が減っては戦ができぬ」があるように，戦争も胃袋の咀嚼活動に依存しているようです。

〈軍隊は胃袋に頼って行進する〉[6]
　An army marches on its stomach.

(3)　金銭を持つことのデメリット

　教え　金銭欲は諸悪の元凶である

　金を持つことにはメリットがありますが，同時にデメリットもあります。昔も今も，犯罪の多くは金銭に絡むもののようです。そこで，次のことわざがあります。

〈金銭は諸悪の根元〉
　Money is the root of all evil.

　しかし，正しくは新約「テモテへの手紙」にあるように，

〈金銭欲は諸悪の根元〉[7]

---

　[6] これは，フランスの皇帝ナポレオン・ボナパルトの言とも，プロイセンの国王フリードリッヒ大王の言ともいわれています。
　[7] 新約聖書には使徒パウロが若い伝道者のテモテに宛てた手紙の中で語った言葉の中にあります。

> The love of money is the root of all evil.

というべきでしょう。金銭そのものが悪いのではなく,金銭に対する人間の欲望が悪を引き起こすからです。

ちなみに警句屋のバーナード・ショーは『人と超人』の中で〈金の欠乏が諸悪の根元〉といっています。金を得るためには,人は平気で不正を働くからです。富は不潔と同居しやすいのです。

〈汚物と金は道連れ〉
> Muck and money go together.

聖書の中の次のことわざの意味をよく考えるべきです。

〈金持ちが神の国へ入るより,ラクダが針の目を通り抜けるほうが簡単〉[マタイ伝]
> It is easier for a camel to go through the eye of a needle, than for a rich man to enter into the kingdom of God.

[教え] **金銭より大切なものがある**

いかに金の世の中とはいえ,金がすべてではありません。財産にまさるものに健康があります。健康は金では買えません。

〈健康は財産にまさる〉
> Health is better than wealth.

また,どんな財産よりも,世間的な名誉や評判,さらに言えば神への信仰や隣人への愛の奉仕などのほうが,人に大きな生き甲斐を与えてくれます。

〈何よりも名声を選ぶべきである〉
> A good name is rather to be chosen. ＝「渇しても盗泉の水を飲まず」

4. 悪事と悪人

(1) 悪とは何か

> 教え　悪は善を滅ぼして蔓延する

世の中には，善人もいれば悪人もいるはずですが，ことわざの世界では善人よりも悪人のほうが多く登場します。それは，マスコミの世界で善行よりも悪行を伝える記事が多いのと，軌を一にしています。悪人や悪行は目立ちますが，善人や善行は背後に隠れ，人びとの耳目を引かないためでしょうか。それもあるかも知れませんが，ことわざの世界ではそもそも善人が少なく，悪人が多いといいます。

〈良い人間は見つけ難い〉
　A good man is hard to find.

ではなぜ，善人が少ないのでしょうか。それは悪人が善人を追いやり，この世に悪徳と悪人がはびこっているからだと，ことわざはいいます。

〈悪貨は良貨を駆逐する〉[8]
　Bad money drives out good.

この言葉はグレシャムの法則として有名なものですが，ことわざとしては，偽物が横行したり，悪徳者がはびこったりする風潮を批判するのに用いられています。さらに次のことわざがあります。

---

[8]「グレシャムの法則」とは，十六世紀のイギリスの財政家グレシャムの貨幣理論です。簡単にいえば，同じ額面価格で金の含有量の多い良貨と金の含有量の少ない悪貨とがあるとすれば，人々は日常の支払いにはもっぱら悪貨を用い，良貨をしまい込むので，流通過程には悪貨が出回ることになるというものです。

〈悪貨は必ず戻ってくるもの〉
　　A bad penny always comes back.

　嫌な人間はいなくなって安心すると、すぐにまた現れるという意味です。同じように、悪のはびこる社会では悪人がのさばり、善人は片隅で小さくなって暮らすことになります。次もその類義ことわざです。

〈雑草はたちまちはびこる〉
　　Ill weeds grow apace. ＝「憎まれっ子世に憚(はばか)る」
〈悪魔の子供は悪魔の幸運をもつ〉
　　The devil's children have the devil's luck.
〈こそ泥はつかまるが、大盗賊はつかまらない〉
　　Little thieves are hanged, but great ones escape. ＝「網、呑舟(どんしゅう)の魚を漏らす」

　悪人がこの世で栄えるのは、親からもらった悪運のお陰でもあるようです。そして悪徳手段を用いても悪運の強さのためか、法の網にかかることなく、ますます勢力を伸ばし、大きな顔をしています。小悪人は滅びても、大悪人が滅びることはないようです。

　[教え] 善にカモフラージュされた悪があるので用心

　悪徳は、気づかれないように存在することがあります。偽善がそれです。偽善は表面的には善に忠誠を誓いますから、なかなか気づかれません。偽善者は、あたかも自分が評判通りの立派な人間であるかのように見せかけるからです。

〈偽善は悪が善に捧げる忠誠である〉［ラ・ロシェフーコー］
　　Hypocrisy is a homage that vice pays to virtue.

　悪人は、自分の悪事や偽善を隠すために、聖書からさえ引用します。

〈悪魔は目的のために聖書でも引用する〉
The devil can cite Scripture for his purpose.

うわべだけの聖なるものは，その背後に悪が隠されている場合があるから，用心しなければなりません。

|教え| 悪はエスカレートする

一度悪事を犯した者は，居直ってますます悪事に手を染めるようになるものです。「濡れぬ先こそ露をも厭え」というのでしょうか。もっとえげつなく「毒を喰わば皿まで」といったほうが，本物の悪人心理に近いのかも知れません。どうせ同じ罰を受けるのなら，もっと大きな悪事を働いたほうがよかったというのです。

〈子羊を盗んで縛り首になるくらいなら，親羊を盗んで縛り首になったほうがまし〉
As well be hanged for a sheep as a lamb.

だから，盗人に仁義があると思ってはなりません。悪人に情けをかければ，図に乗り，さらに付け入ります。ここまで来れば，もはや悪へのいささかの同情も禁物です。

〈卵を盗む者は牛も盗む〉
He that will steal an egg will steal an ox. ＝「針とる者は車とる」
〈一つの嘘は多くの嘘を生む〉
One lie makes many.
〈悪人に一寸やれば，一尺まで取る〉
Give knaves an inch and they will take a yard. ＝「庇を貸して母屋を取られる」
〈盗人には仁義はない〉
There is no honor among thieves.

(2) 悪を防ぐための奇策

教え 悪人にさらなる悪事の機会を与えよ

ことわざは，悪を防ぐ方法をいくつか用意しています。一見，意表をつく奇策のように思えますが，いずれにも深い真理があります。まず，人間が悪の道に走るのは，本人に悪の素質があることもさることながら，そうさせる機会や状況があるからとも言えます。

〈抜け穴が泥棒を呼び込む〉
　The hole calls the thief.
〈開いている扉は聖人をも誘惑する〉
　An open door may tempt a saint.
〈盗む機会があるから盗人が生まれる〉
　Opportunity makes a thief.

しからば悪をどのようにして防ぐか。常識的な発想からすれば，悪の機会をなくすことが悪を防ぐことです。しかし常識の裏をかくことわざは，悪人に悪を行う機会をさらに与えよといいます。そうすれば，悪事の露見する機会が増え，悪人はおのずと身を滅ぼすといいます。

〈盗人にロープを十分に与えよ，そうすれば自分を縛る〉
　Give a thief enough rope and he'll hang himself.

これは，悪を奨励することによって悪を防止するという奇策です。

教え 悪事を知る悪人に悪事を絶滅させよ

日本には「己を以て人を量る」ということわざがありますが，これは悪人にも当てはまります。悪人の場合は「下衆の勘繰り」というほうがよいのかもしれません。悪人には，人間がみな悪人に見えるのです。悪人が人を勘ぐる場合の基準はおのれの悪知恵です。

「蛇の道は蛇」です。つまり，悪は悪を知っているのです。

〈盗人は他人がみな自分と同じ盗人だと思っている〉
　The thief thinks all people like himself.
〈狼は悪い心の考えることを知っている〉
　The wolf knows what the ill heart thinks.

それゆえに，悪を退治するのに悪を用いるのがもっとも有効です。次のことわざのいうように，「毒をもって毒を制す」るのです。

〈泥棒に泥棒を捕らえさせよ〉
　Set a thief to catch a thief.
〈ニンニクの臭いはタマネギの臭いを消す〉
　The smell of garlic takes away the smell of onions.

さて，この章をお読みいただいた読者の方は，次のクイズに挑戦してみてください。

クイズ10 「社会生活」

【問】 問①〜⑧は，カッコの中から適切な語句を選んで空所を埋めなさい。また問⑨〜⑬は適切な語句で空所を埋めなさい。

① 〈大きな町には大きな（　　　）がある〉（孤独・快楽・危険）
② 〈繁栄が友をつくり，逆境が友を（　　　）〉（増やす・試す・優しくする）
③ 〈金は召し使いとしてはよいが，（　　　）としては悪い〉（友人・兄弟・主人）
④ 〈財布が軽いと，心は（　　　）なる〉（軽く・重く・美しく）
⑤ 〈（　　　）が戸口から入ると，愛情は窓から逃げ出す〉（貧

第4章　社会生活の知恵を教える　　107

乏・幸運・戦争）
⑥〈貰ったものほど（　　　　）ものはない〉（高い・安い・貴重な）
⑦〈老練な密猟者が最も（　　　）の監視人になる〉（良い・悪い・危険な）
⑧〈主人は（　　　　）より目を光らせるほうが多くの仕事ができる〉（足を使う・手を動かす・頭を使う）
⑨〈友人は身近に置け，（　　　）はもっと身近に置け〉
⑩〈袖が届かないほどに（　　　）を伸ばすな〉
⑪〈龍の尻尾でいるよりはロバの（　　　）になるほうがよい〉
⑫〈（　　　）することによって，支配することを学べ〉
⑬〈人は（　　　　）のみにて生きるにあらず〉［マタイ伝］

答　①（孤独）A great city, a great solitude.　②（試す）Prosperity makes friends, adversity tries them.　③（主人）Money is a good servant, but a bad master.（金は人間を酷使する悪い主人である）　④（重く）A light purse makes a heavy heart.　⑤（貧乏）When poverty comes in at the door, love flies out of the window.　⑥（高い）Nothing costs so much as what is given us. =「只より高い物はない」　⑦（良い）An old poacher makes the best keeper.　⑧（手を動かす）The eye of a master does more work than both his hands.（リーダーは監督の仕事をすべきである）　⑨（敵）Keep your friends close and your enemies closer.（敵の動静を探るため）　⑩（腕）Stretch your arm no further than your sleeve will reach.（身の程をわきまえて暮らせ）　⑪（頭）Better be the head of an ass than the tail of a dragon.　⑫（服従）Through obedience learn to command.　⑬（パン）Man shall not live by bread alone.［この言葉の後に〈神の口から出る一つ一つの言葉で生きる〉という続きがある］

第5章 文化と言葉について教える

　文化や知識は人間の経験を通して創造されますが，それを可能にするのに一つには言葉の働きがあります。もう一つは人間の行動があります。文化は言葉と行動を通して創造され，伝えられていきます。そこでここでは，言葉と行動の関係に焦点を当て，次の項目を取り上げます。

　　1．知識と経験　　　**2．言葉と世間**
　　3．言葉と行動

1．知識と経験

(1) 知識のメリットとデメリット

　教え　知識は力である

　この社会で競争を生き抜くためには，知識は必要欠くべからざるものです。知識は武器となりますから，知識があれば怖いもの無しです。

　〈知識は力である〉［フランシス・ベーコン］
　　Knowledge is power.

〈賢者は武器に不足しない〉
　A wise man never wants a weapon.

だが，そのような強力な知識を獲得するのは，簡単なものではありません。そこへ至る道には舗装道路は用意されておらず，自ら造り出さなければなりません。

〈学問に王道はない〉［ユークリッド］[1]
　There is no royal road to learning.

しかし，知識を得る過程は困難であるとしても，一度知識を自分のものにしてしまえば，人はその果実のもたらす醍醐味を永久に享受することができるのです。

〈知識の根は苦いが，その実は甘い〉
　Knowledge has bitter roots but sweet fruits.
〈病気がわかれば半分治ったも同然〉
　A disease known is half cured. ＝「病を知れば癒ゆるに近し」
〈魚を一匹やれば一日食いつなぐが，魚の取り方を教えてやれば一生食いはぐれることはない〉
　Give a man a fish and you feed him for a day; show him how to catch fish and you feed him for a lifetime.

|教え| 知識を欠く情熱は危険である

人はよく，情熱や意欲が重要であることを力説します。われわれもその必要性を説いてきました。しかしそれらのものは，経験や知識の裏付けがあって初めて完全なものになることができます。経験や知識のない情熱や意欲は，分別や慎重さを欠き，かえって危険で

---

[1] ギリシャの数学者ユークリッドが，エジプトのプトレマイオスに言った言葉に由来するとされています。

す。論語にいう「思いて学ばざれば則ち殆(あや)うし」も，これに近い意味でしょう。

〈知識のない熱意は放れ駒も同然〉
　Zeal without knowledge is a runaway horse.
〈天使が踏み込むのを恐れる場所へ愚者は飛び込む〉
　Fools rush in where angels fear to tread.

また，知識や経験が生半可なものであれば，これも危険です。知恵を身につけようとするものは，完璧を期さなくてはなりません。

〈わずかばかりの学問はかえって危険である〉［アレキサンダー・ポープ］
　A little learning is a dangerous thing. ＝「生兵法は怪我のもと」

次のことわざは，無知なるが故に法を犯す危険を指摘します。法を破った後，知らなかったではすまされません。無知は罪の免責にはならないのです。

〈法律の無知はそれを破ってよい口実にはならない〉
　Ignorance of the law is no excuse for breaking it.

教え　無知にも価値がある

ただ，注意しなければならないことは，ことわざは百パーセント無知がよいといっているのではないということです。この社会にあっては，知ることは生きることと同じように大切なことです。ことわざは，その前提に立った上で，知りすぎることがかえって苦しみや悲しみの原因になることがあるという事実に注意を引きます。いっそ知らなかったら自分も相手も傷つかなかったであろうという考えが，無知を礼賛することわざを生みだすのです。

〈自分の知らないことでは心は痛まない〉

What you don't know won't hurt you.
〈知らないのが幸福なら,知ることは愚か〉［トマス・グレイ］
Where ignorance is bliss, 'tis folly to be wise.
〈無知は至福である〉
Ignorance is bliss. ＝「知らぬが仏」

末期癌の患者が自分の病気を知らないまま,幸せに死を迎える例は多くあります。人間関係についても同じことが言えます。媒酌人の挨拶によく引用されることわざがあります。

〈結婚前は目を十分開け,結婚後は目を半分閉じよ〉［ベンジャミン・フランクリン］
Keep your eyes wide open before marriage, and half shut afterwards.

とくに夫婦は,相手の欠点や短所を知りすぎては不幸の始まりになりますから,平和維持のためには,相手をあまり知らないことだといいます。

(2) 経験のメリットとデメリット

教え　経験はよき教師である

それでは,人は知識や知恵をどのようにして獲得するのでしょうか。ことわざによれば,それは経験からだといいます。とくに見聞を広め,知識を豊かにしてくれるものに,昔は旅の経験がありました。ここでいう旅とは,現代風に考えれば,狭い個人経験から抜け出して,広く社会を観察したり,探検したりする機会と考えてよいでしょう。そこには,机上の知識をはるかに越える情報の洪水があります。とくに,ラジオやテレビのなかった時代では,旅は情報源の最たるものであったといえます。

〈旅は知性を広げる〉

Travel broadens mind.
〈広く旅する人は物知りである〉
He that travels far knows much. = He travels much, knows much.

むろん，経験の材料は旅行だけにあるのではありません。日常生活のあらゆる場面が経験の場となり，人はそこからさまざまな知恵や知識を学び取るのです。

〈経験は最善の教師である〉
Experience is the best teacher.
〈経験は知恵の父，記憶はその母〉
Experience is the father of wisdom and memory the mother.

何ごとも経験しなければわかりません。人間は経験によって賢くなるのです。

教え 過去の経験や他人の経験からも学ぼう

経験は過去の産物ですから，経験から学ぶということは過去から学ぶということです。昨日があって今日があるのです。「故きを温ねて新しきを知る」「温故知新」の精神が必要なゆえんです。

〈どうなるか知りたければどうであったかを考えなければならない〉
He that would know what shall be, must consider what has been.
〈現在の事柄は過去の事柄により判断される〉
Things present are judged by things past.

また，経験から学ぶということは，他人の経験や知恵からも学ぶということです。「三人寄れば文殊の知恵」というように，多くの

人の経験を集めれば，一人の考えだけでは間違えることも，正しく行うことができます。

〈一つの頭より二つの頭のほうがまさっている〉
　Two heads are better than one.
〈四つの目のほうが二つの目よりよく見える〉
　Four eyes see more than two.

また，経験の浅い若輩者は，経験の深い知恵者を利用しなければ損です。愚者も賢者の知恵を利用すれば，賢者以上にものを見ることができるのです。

〈巨人に乗った小人のほうが巨人より遠くまで見える〉[2]
　A dwarf on a giant's shoulder sees the farther of the two.

しかも，人は他人の立派な業績からだけでなく，ひどい愚行からも学びます。戦後，毛沢東の言葉として伝えられた「**反面教師**」という言葉も，そのことをいっています。

〈他人の愚行から知恵を学べ〉
　Learn wisdom by the follies of others. ＝「人のふり見て我がふり直せ」

|教え|　若者は未熟だが経験を積めば立派になる

経験から知恵が生まれるとすれば，経験の浅い若者が未熟者であるのは当然です。ジェネレーションギャップといいますか，知識もちがえば経験もちがう老人と若者が意見のくい違いを見せるのは無理もありません。

---

[2] アイザック・ニュートンは知人の科学者，ロバート・フックに宛てた手紙の中で，〈もし私がデカルトたちより遠くまで見通したとすれば，それは彼らの肩に乗ったからだ〉と言っています。

〈若者と老人は決して意見が合わない〉
　Youth and age will never agree.

　日本のことわざは若者の未熟を「若気の至り」とか「若気の無分別」といいます。いずれの国にあっても，若者は奔放で無鉄砲なものです。未経験なればこそ道楽もします。そのようなことは，知恵がついた後で改めればいいと，ことわざはいいます。

〈若者は野生の裸麦を蒔くものだ〉
　The young will sow their wild oats.
〈若者は羽目を外さないと承知しない〉
　Youth must have its fling.

　子供というものは，本来，腕白で，いたずらなものです。しかし，そんな腕白小僧も長ずれば落ちついて立派な大人になるといいます。

〈いたずら子猫も温厚な親猫になる〉
　Playful kittens make sober cats.
〈いたずらっ子も立派な大人になる〉
　Naughty boys sometimes make good men.

　逆に幼少のころ，将来を嘱望された模範生が悪の道に走ったりすることがあるから，若者の老成ぶりは当てにならないといいます。

〈若聖人の老悪魔〉
　Young saint, old devil.

[教え] 経験は学問よりまさる

　経験から得た知恵は，体系化された学問のいわば対極に位置するものです。そこで，経験が大切か学問が重要か，という対立の構図が生まれてきます。
　ことわざには，学問より経験の効用を説くもののほうが多いよう

です。それは、イギリスが経験主義哲学の伝統国であるという事情にもよるでしょうが、そもそも庶民の知恵であることわざは、机上の学問より実地の経験を重んじるからでしょう。父祖伝来の知恵のほうが、当然、学問より価値があることになります。

〈1オンスの常識は1ポンドの学説に匹敵する〉
　An ounce of common sense is worth a pound of theory.

伝統的知恵や常識は、実践に裏付けられた知識であり、単なる机上の空論ではありません。それゆえ、凡百の学説よりまさるのです。

〈学問なき経験は経験なき学問にまさる〉
　Experience without learning is better than learning without experience.

経験が知識と違っているのは、自分の肌で痛みを経て入手した知恵であるという点です。痛みを通して得た知識は、終生忘れることはありません。

〈靴のどの場所が痛むのかは、履いているものしかわからない〉
　Only the wearer knows where the shoe pinches.

これは、苦労は他人にはわからない、という意味でも用います。

〈失敗は成功を教える〉
　Failure teaches success. ＝《失敗は成功のもと》

経験には失敗がつきものですが、失敗があるからこそ、それらが蓄積された暁には、より完璧な知識の体系ができあがるのです。

|教え| 直接経験したものが一番信用できる

そして経験を通して知識を獲得するということは、自分の目、耳、舌などの五官を働かせて確かめるということです。しかし五官

のうちでは目の働きが重要です。耳だけで得た知識は，あまり当てになりません。話半分ということもあるからです。聞いて信じられないことも，自分の目で見れば信じることができます。

〈見ることは信ずることである〉
　Seeing is believing. ＝「百聞は一見に如かず」
〈聞いたことは全く信じるな，見たことは半分だけ信じよ〉
　Believe nothing of what you hear, and only half of what you see.

さらにまた，ものの良しあしを知るには目で見るだけでは不十分で，舌で実際に中身を試してみなければならないという，次のことわざもあります。

〈プリンの味は食べてみなければわからない〉
　The proof of the pudding is in the eating. ＝「論より証拠」

これは，ある考えの良否は，実行して初めてわかるという意味でも使います。

教え　経験がすべてではない

しかし，いくら経験が大切であるといっても，経験には限界があることも否定できません。たとえば，人はあらゆることを自分で経験することはできないし，経験がすぐに知恵に結びつくともかぎりません。

〈愚者をフランスへやっても，愚者のまま帰ってくる〉
　Send a fool to France, and he'll come back a fool.
〈経験は愚か者の教師である〉
　Experience is the teacher of fools.

また，経験には失敗や試行錯誤がつきものです。そんな経験を経なくても，知識は学問によって知ることもできます。そして，賢者は経験せずに学びます。経験せずに学ぶのが学問であるともいえます。

〈賢者は他人の過ちから学び，愚者は自分の過ちから学ぶ〉
　　Wise men learn by other men's mistakes; fools by their own.

　このように，経験のもつ限界を指摘することわざがいくつかありますが，だからといってそれらは経験を放棄せよといっているのではありません。経験のもつ欠陥を補正し，知恵を獲得するためのいっそう正しい方法を追求しているものと解釈すべきでしょう。

(3) 加齢と学習能力

　教え　老いてから学んでも遅すぎる

　知恵ある高齢者が，異口同音に嘆くことがあります。それは，記憶力の減退です。確かにかつて赤瀬川源平さんの言った「老人力」が増える分，物覚えは悪くなるようです。若者は経験から学ぶことができますが，成長の停止した高年者はもう新しい知識を吸収する意欲もないし，能力もなくなるといいます。

〈老いたる犬に新しい芸を教えることはできない〉
　　You can't teach an old dog new tricks.
〈老人の馬鹿ほど馬鹿なものはいない〉
　　There's no fool like an old fool.
〈四十歳の馬鹿は本当の馬鹿〉
　　A fool at forty is a fool indeed.

　だからことわざは，教育は若いうちにせよと警告を発します。

〈小枝のうちに曲げるのが一番よい〉
　Best to bend while it is a twig. ＝「矯めるなら若木のうち」

[教え] 学ぶのに遅すぎることはない

　しかし，前掲の対義ことわざがあります。たしかに高齢になると，物覚えは悪くなるといえますが，学ぶ能力はなにも記憶力だけではありません。経験からくる理解力や判断力はむしろ増すものです。だから学習には年齢はないというのです。日本には「六十の手習い」「八十の手習い」などがあります。いうなれば生涯学習です。

〈学ぶのに年齢はない〉
　One is never too old to learn.
〈学ぶのに遅すぎることはない〉
　It's never too late to learn.
〈長生きしていろいろ学べ〉
　Live and learn.

[教え] 経験のある高齢者には知恵がある

　高齢者に学ぶ力があるかないかはさておき，高齢者にはこれまで長い経験から得た知恵のあることは確かです。

〈年齢は書物より多くを知る〉
　Years know more than books. ＝「亀の甲より年の功」
〈もっとも長生きする者がもっとも多く見る〉
　They that live longest see most.

　したがって，高齢者を欺こうとしても無理だし，高齢者にものを教えようとするのは「釈迦に説法」と同じです。

〈祖母に卵の吸い方を教えるな〉
　Don't teach your grandmother to suck eggs.

次のことわざは，本当に充実した人生は中年を過ぎてから始まると教えます。

〈人生は四十歳から始まる〉
  Life begins at forty.

四十歳ごろには，人生を自分の思い通りに生きる経験や才覚が備わっているはずです。

また，歳を取ることが分別を意味することを知るものは，自分の賢さを年齢で言い表そうとします。

〈昨日生まれたわけでない〉
  I was not born yesterday.

くどくど言う相手に「そんなことは百も承知だ」とか，うそを言っている人に対して，「そんなことを信じるほど私は馬鹿ではない」という意味でよく用います。

2. 言葉と世間

(1) 言葉と真実の持つ力

|教え| 噂をするとその人が現れる

東西いずれの文化にあっても，昔から言葉は呪術的な魔力をもつものとして畏敬されてきました。ある事柄について言及すると，よかれ悪しかれそれが事実となって表れるという経験が，そのような言葉の呪術力への信仰を生み出したのでしょう。そのようなことはむろん偶然ですが，しかしある人について噂をする状況はその人が現れる状況と重なる場合が多く，この偶然の確率はかなり高そうです。それに，噂の最中に当の本人が現れるのはばつの悪いもので，そのこともあってこのことわざが生みだされたのかもしれません。

〈悪魔の話をすれば悪魔が現れる〉
　Talk of the devil and he is sure to appear. ＝「噂をすれば影が差す」
〈天使のことをいうとその翼の音が聞こえる〉
　Talk of angel and you will hear the fluttering of its wings.

|教え| 言葉は世の中を動かす

言葉には大きな力があります。時には暴力より強く，人を傷つけます。しかし，使い方によっては，不正と戦う大きな力になります。世論としての言論は，場合によっては神の声として天下を動かします。言論は，武力にまさるのです。

《ペンは剣よりも強し》
　The pen is mightier than the sword.
〈舌は鋼鉄ではないがよく切れる〉
　The tongue is not steel, yet it cuts. ＝「寸鉄人を刺す」

だから，われわれは世間の人たちの言うことが気になるのです。世論を恐れないものはいません。とくに政治家は世論を怖れるあまり，世論の赴くがままになる人もいます。

〈人はみな世論の奴隷である〉
　We are all slaves of opinion.
〈グランディ夫人は何というか〉[3]
　What will Mrs Grundy say?

---

[3] このことわざは〈世間の人は何というか〉という意味で使われます。グランディ夫人とは，トマス・モートンの喜劇『Speed the Plough』の中の登場人物ですが，世間のしきたりをタテに非常識な相手をたしなめるので，恐れられている人物です。

最後に，世論の正しさを述べる有名なことわざがあります。

《民の声は神の声》［アルクイン］[4]
　　The voice of the people is the voice of God.

世論というものはその良し悪しは別として，神の声のごとく抗しがたいという意味です。日本でも，「天に口なし，人を以て言わしむ」ということわざが同じ意味を表しています。

|教え| 真実を語るには修辞は必要ない

言葉には，真実を伝えるものと虚偽を伝えるものとがありますが，強いのはやはり真実の言葉のほうです。真実の風が吹けば，それは世の中を席巻し，悪人さえその前にひれ伏します。

〈真実は強く，すべてに勝つ〉
　　Truth is mighty and will prevail.
〈真実を語れば悪魔も恥じる〉
　　Tell the truth and shame the devil.

真実が力をもつのは，それがありのままを率直に語り，虚飾がないからです。

〈真実の言葉は単純である〉
　　The language of truth is simple.
〈真実には修辞は必要ない〉
　　Truth has no need of rhetoric.

レトリックがないから，真実は人を傷つけます。人を批評するときでも，それが真実に近いほど，人を傷つける力は大きくなります。

---

[4] イングランドの神学者アルクインがフランク王国のカール大帝に宛てた手紙にこの言葉が見られます。

〈真実ほど人を傷つけるものはない〉
　Nothing hurts like the truth.
〈真実が多ければ多いほど名誉毀損も大きくなる〉
　The greater the truth, the greater the libel.

その結果どうなるかを教えることわざが、次のものです。

〈真実は憎悪を生む〉
　Truth breeds hatred.

|教え| 真実を語るのは難しい

このように、真実には人を傷つける強い力がありますから、なかなか語ることが難しいし、許されない場合もあります。

〈すべての真実を語ってよいわけではない〉
　All truths are not good to be told.

それに、真実を語るには大きな勇気のいることがあります。気の弱い人間は、酒の力を借りたり、冗談めかしたりしていう以外に、道がないことがあります。

〈酒が入ると真実が出る〉
　Wine in, truth out.
〈正気が隠すことを酔いは漏らす〉
　What soberness conceals, drunkenness reveals.
〈多くの真実が冗談で語られる〉
　Many a true word is spoken in jest. ＝「嘘からでた誠(まこと)」＝「冗談から駒が出る」

また、真実が語れないのは、真実は物事の奥深く隠され、なかなか発見できないという事情もあります。

〈真実は井戸の底にある〉

第5章　文化と言葉について教える　　123

Truth lies at the bottom of a well.

　真実を語るのが難しいからこそ，人は問いつめられると嘘を言うことになります。

〈キミが質問しなければボクは嘘を言わなくてすむ〉
　Ask me no questions and I'll tell you no lies.

　だから，何事もあまりに深く真相を追究するものではないかもしれません。追いつめられて嘘をつくのは，相手を傷つけまいとする思いやりからかもしれませんが，いずれにしても個人のプライバシーにはあまり首を突っ込まないことです。なお，このことわざは，質問封じの冗談としても用いられます。

|教え| **嘘は嘘を呼ぶ**

　嘘は嘘を呼びます。一度嘘をつくと，それがバレないためにまた次の嘘をつくことになります。

〈嘘を一つつけば次から次へとつくことになる〉
　One lie makes many.

　したがって，嘘は前の嘘と矛盾しないものでなければならず，そのために嘘つきに必要な資質は記憶力です。

〈嘘つきは物覚えがよくなくてはならない〉
　Liars should have good memories.

　しかし，嘘つきがたまに本当のことを言っても，だれも信じてくれません。ご存じイソップ物語で，「オオカミが来た」と連呼した少年は，本当にオオカミに襲われたとき，だれも助けに来てくれませんでした。

〈オオカミが来たと叫ぶな〉［イソップ］（『羊飼い少年とオオカミ』）
　Never cry wolf.

〈嘘つきは本当のことを言っても信じてもらえない〉

A liar is not believed when he speaks the truth.

〈一度嘘をつくと,いつまでも疑われる〉

He that once deceives, is ever suspected.

小さな嘘でも,気を許してはいけません。本物の詐欺師は,完全な作り話はしないもので,本当の話の中にわずかな嘘を混ぜるだけです。わずかな嘘でも入っていたら,その話しは全体が嘘であると考えてもいいのかも知れません。

〈半分本当というのは全部嘘であることが多い〉

Half the truth is often a whole lie.

(2) 言葉の用い方

教え 言葉は人の本性を表す

人は思うことを隠そうとして,うっかり言ってしまうこともあれば,言わないまでも言葉の端はしにそれが表れることもあります。言葉というものは,人の心を映す鏡の役をします。乱暴な気性の人は乱暴な言葉遣いになるし,優しい性格の人は優しい言葉遣いになるものです。そこに,言葉の使用に慎重にならなければならない理由の一つがあります。

〈舌は心の思うことをいう〉

What the heart thinks, the tongue speaks. =「語るに落ちる」

〈言葉は心の絵である〉

Speech is the picture of the mind.

《文は人なり》[ビュフォン]

The style is the man.

教え 言葉の多いものは災いを受ける

多くの人が不用意に言葉を使い，失敗します。口が軽い者は大事な秘密を漏らしたり，言わなくてもいいことを言ったりして，相手を怒らせることがあります。多弁の者のほうが無口の者より，多く禍を受けるようです。口数はほどほどにしなければなりません。日本でも「口は禍の門（元）」「多言は身を害す」などといいますが，英語にも次のような類義ことわざがあります。

〈愚者の舌は自分の喉を掻き切るくらいに長い〉
　A fool's tongue is long enough to cut his own throat.
〈黙っていたことより話したことを後悔した人のほうが多い〉
　More have repented speech than silence.

|教え| 無口な人間には気をつけろ

　もっとも，あまり慎重になりすぎて寡黙になってはいけません。率直にものを言う人は心の中がだいたい読めますが，無口の人は感情を表に出さないから，何を考えているか分からないものです。一見，冷静で温厚に思えても，内心には激しい思いや怒りが燃えたぎっているかもしれません。だから，率直にものを言わない人は警戒されるのです。とくに多民族国家である英米では，そのような人は不信の目で見られます。

〈黙っている人は静かな流れのように底が深く危険である〉
　Silent men, like still water, are deep and dangerous.
〈吠えぬ犬は危険〉
　Dumb dogs are dangerous.

|教え| 言葉を取り消すことはできない

　言葉は多すぎても少なすぎても，いけません。言葉の使い方はまことに難しく，それだけに慎重に使わなければなりません。

〈言葉には翼があって，呼び戻せない〉

Words have wings, and cannot be called.

だからこそ，言葉の使い方には，十分用心しなければなりません。言いたいことがあってもすぐにいうのではなく，一晩考えてから言えと，ことわざは言います。

〈今日考え，明日話せ〉
Think today and speak tomorrow.

|教え| 心の中は率直に表現すべし

言葉の使い方としては，守るべきことはいろいろありますが，やはり心の中に思うことは率直に口に出したほうがよいといえそうです。見栄っ張りの人や不正直な人は，言葉で飾ったりごまかしたりしようとするものですが，いずれはボロが出て，かえって信頼を失うものです。だから，ありのままを率直に語ることが一番大切です。

〈鋤(すき)は鋤と呼べ〉
Call a spade a spade. ＝「歯に衣(きぬ)着せるな」
〈薮のまわりを叩いて獲物を駆り立てるな〉（遠回しにいうな）
Don't beat about the bush.

ものを率直にいえば，相手も好感をもちますから，たいていのことなら聞き入れられるものです。

(3) 世間の噂

|教え| 世間は聞き耳を立てている

噂話や悪口の主役といえば，むかしは井戸端会議のおかみさんでしたが，いまは赤提灯やスナックにたむろするサラリーマンやOLたちです。でも《壁に耳あり》です。産業スパイはもちろん，気のおけない同僚や部下にも警戒が必要です。大事な話や人に聞かれて

はいけない話など，不用意にしゃべってはいけません。また，用心すべき相手は大人だけではありません。子供は早耳であることを忘れてはいけません。

《壁に耳あり》
　　Walls have ears.
〈野には目あり，森には耳あり〉
　　Fields have eyes, and woods have ears.
〈小さな水差しには長い耳がある〉（子供は早耳）
　　Little pitchers have long ears.

もちろん，相手を不快にしたり，傷つけたりすることは，口にすべきでなく，自分の心の中だけのことにしておくべきです。

〈口では立派なことをいえ，心では何を考えてもよいから〉
　　Speak fair and think what you like.

|教え| 人の口に戸は立てられない

　重要な秘密にしろ，ささいな噂にしろ，一度人の口の端に上れば，「悪事千里を走る」のたとえ，アッという間に広がります。とくに悪い噂はたちまち広がります。止めようとしても，だれにも止めることはできません。「人の口には戸が立てられず」です。

〈悪い知らせは早く伝わる〉
　　Bad news travels fast.
〈だれでも噂を流すことはできるが，噂を止めることはできない〉
　　Anyone can start a rumor, but none can stop one.

　噂が怖いのは，聞き耳を立てその噂をかぎつけた人は，今度はそれを他人に言いふらすからです。とくに他人の噂を伝えてくれる人や，あなたのことを根ほり葉ほり聞きたがる人には，気をつけなければなりません。その人はあなたの噂を次の人へと伝えるからで

〈人のことを話してくれる者は君のことも人に話すものだ〉
Who chatters to you, will chatter of you.
〈物を取ってくる犬はまた持っていく〉
The dog that fetches, will carry.

> [教え] 悪い噂を流せば，相手は致命傷を受ける

その上，噂は伝わるうちに，尾ひれがついて大げさになり，事実からほど遠い作り話に変わっていくものです。それに，一度広まった噂は，取り消すことはなかなかできません。そこで，当人の信用は一挙に失墜します。

〈話は伝わるうちにだんだん大げさになるもの〉
A tale never loses in the telling.
〈嘘を24時間前に広めれば，とても追いつけない〉
Give a lie twenty-four hours' start, and you can never overtake it.
〈名声は得るに難く，失うに易し〉
A good name is sooner lost than won. ＝「百日の説法屁一つ」

悪い噂を流せば，相手は立ち上がれないほど傷つくものです。噂の恐ろしい力を知っている者は，故意に噂を流して敵をやっつける戦術をとります。

〈泥でもたくさん投げれば少しはくっつくもの〉（何度も悪口を繰り返せば相手の名誉も少しは傷つく）
Throw dirt enough and some will stick.

ただ，死者をそしったり，死者に罪や悪名を着せたりしてはいけません。死者は褒めこそすれ，「死者に鞭打つ」ことは絶対にやめ

〈死者を悪くいうな〉
　　Never speak ill of the dead.
〈死者のことは褒めてやれ〉
　　Speak well of the dead.

(4) 忠告の仕方

|教え| 忠告は耳に痛いが役立つものである

　さて，言葉の使い方を慎重にするようにすすめることわざの最後には，忠告についての教えがあります。一般に忠告は，聞いて心地よいものではないし，なかには腹の立つものもあります。しかし，耳に痛いものほど，実は将来役に立つものです。

《良薬は口に苦し》
　　Good medicine tastes bitter. ＝「忠言耳に逆らう」

　とくに，高齢者の忠告は有益なものが多いと，次のことわざはいいます。

〈良い忠告が欲しければ老人に相談せよ〉
　　If you wish good advice, consult an old man.

|教え| 忠告は与え方が難しいからやたらにすべきではない

　忠告は一般に役立つものと言われますが，なかにはそうでない場合もあるようです。下手な忠告や，時には悪意のある忠告のために，相手が不幸になる場合もあるからです。

〈悪い忠告はすべてを台なしにする〉
　　Ill counsel mars all.

　忠告というものは，本人がそれを受け入れ，それにしたがって努

力した結果，幸福を手に入れるものでなければなりません。だが，そのような時宜を得た，適切な忠告はそんなにできるものではありません。だから，やたらにすべきものではないといいます。

〈忠告と塩は求められるまで与えるな〉
　Give neither counsel nor salt till you are asked for it.

　忠告を受ける側の問題としては，忠告を聞き入れ，それにしたがうことはなかなか難しいということがあります。忠告を求めた場合はまだしも，求めないのに一方的に相手から与えられるのは，いっそう受け入れるのが困難なのです。

〈忠告を与えるのも難しいが，聞き入れるのも難しい〉
　It is as hard to follow good advice as to give it.

|教え| 最善の忠告は自分で自分に与えるものである

　さて，忠告は役に立つものであるが，しかし人に与えるのも人から与えられるのもともに難しいとすれば，どうすればいいでしょうか。ことわざの用意する答えは，自分で自分に与えることだといいます。これが最善の忠告だといいます。ある難題が生じたときは，一晩よく枕に頭を休め，枕と相談すれば，翌朝までには自然にいい考えが浮かんでいるといいます。

〈最も良い助言は枕の上に見つかる〉
　The best advice is found on the pillow.
〈夜は助言を生みだす母である〉
　The night is mother of counsel.

　かつて中国北宋の文人政治家欧陽修は，文章の想を練るための最善の場所として「三上」すなわち「馬上・枕上・厠上」を挙げましたが，英語のことわざも考え事を行う場所として，同じ枕の上を勧めているのは興味深い一致ではありませんか。

3. 言葉と行動

(1) 言葉以外の表現手段

|教え| 表情が心を伝える

意思伝達は言葉によって行いますが,しかし言葉によるものがすべてではありません。言葉を使わなくても,意思伝達ができます。たとえば,目や顔の表情などで自分の心の思いを相手に伝えることができます。逆に,言いたくないことも顔に表れて相手に伝わることがあります。

〈うなずきは目配せと同じで,心が伝わる〉
　　A nod is as good as a wink.
〈顔は心の指標である〉
　　The face is the index of the heart.
〈目の言葉は万国共通である〉
　　The words of eyes are universal. ＝「目は口ほどにものをいい」

また,絵画は言葉よりずっと有効に情報を伝えることがあります。映画やテレビが活字より普及しやすいのは,そのためです。

〈一枚の絵は一千語に匹敵する〉
　　A picture is worth a thousand words. ＝「百聞は一見に如かず」

|教え| 沈黙にも意味がある

自分の気持ちを相手に伝えたくないときは黙っていればよい,と考えるのは間違いです。相手の語りかけに対して沈黙したり,無言を続けたりすることは,そのこと自体が一つの意思表示なのです。話すことだけが表現ではありません。沈黙も一種の言語であると心

得てください。だから，沈黙の意味するものは，あるときは承諾に，あるときは良心の呵責にと，解釈されるのです。

〈返事をしないのも返事の一つ〉
　No answer is also an answer.
〈沈黙は承諾のしるし〉
　Silence gives consent.
〈子供が黙っているときは何か悪いことをしたとき〉
　When children stand quiet they have done some ill.

|教え| 雄弁家は沈黙の術を心得る

さらに，沈黙にはもっと積極的な意味もあります。話すべきでないときに話すのは，弁論の術としては最低です。また，立て板に水のごとく，のべつ幕なしにしゃべる人が真の雄弁家というわけではありません。名人の落語には沈黙の間があります。流れる言葉のなかの一瞬の沈黙は，聴衆を立ち止まらせ，期待感を盛り上げ，次の瞬間，待ちあぐねた言葉を聞いた聴衆は一挙にカタルシスを経験し，快感を覚えるのです。真の雄弁家は話す技術だけでなく，沈黙のもたらす意味を知らなければなりません。

〈話すべきときと黙るべきときがある〉
　There is a time to speak and a time to be silent.
〈賢者は口を閉じる〉
　A wise head makes a close mouth. ＝「能ある鷹は爪を隠す」

|教え| 寡黙は冗舌にまさる

ことわざは，沈黙は雄弁にまさるとして，沈黙の価値をたたえます。多弁な人は一見知恵もあり，実行力もありそうに思えますが，必ずしもそうとはかぎりません。人は中身がないとき，とかく言葉で飾りたてますが，内に蓄えるものが多いとき，言葉は少なくなる

ものです。たとえば，知恵がそうです。知恵は言葉となって表面に表れるよりも，しばしば見えない深淵に潜むものです。

《沈黙は金，雄弁は銀》
　　Speech is silver, silence is golden.
〈言葉の流れは知恵の流れとはかぎらない〉
　　Flow of words is not always flow of wisdom.
〈最も知るものが最も語らない〉
　　Who knows most, speaks least. ＝「能ある鷹は爪を隠す」
〈静かな流れは底が深い〉
　　Still waters run deep. ＝「浅瀬に仇波（あだなみ）」

このことわざの周辺には，言葉がすべてではないとするものや，言葉は少ないほどよいというものがいくつかあります。「言わぬが花」に相当するものです。

〈言葉は少ないのが最高〉
　　Few words are best. ＝「言わぬは言うにまさる」

知恵が言葉を簡潔にするように，愛も言葉を不用にします。愛は，言葉がなくても伝わるものです。

〈唇が閉じられていても愛は話す〉
　　Love speaks, even when the lips are closed.

(2)　言葉を行動に移す難しさ

|教え|　言うのは簡単だが行うのは難しい

人間だれでも，口で言うことは簡単ですが，実行することは難しいものです。「言うは易く行うは難し」です。次はすべてその類義ことわざです。

〈言うことと行うこととは別〉

Saying is one thing and doing another.
〈行うより言うほうが易しい〉
Easier said than done. =「言うは易く行うは難し」
〈言葉と行為には大きな差がある〉
There is a great difference between word and deed.

次は，ちょっと風刺とウイットの効いたことわざです。そもそも人間の言行は不一致なもので，言った通りに行動できるわけではありません。その点では「私」も例外ではありません。だから「私」の駄目な行動でなく，「私」の立派な言葉にしたがうのが賢明であるというのです。

〈私の行い通りでなく，私の言葉通りにせよ〉
Do as I say, not as I do.

言葉でいうのは簡単だし，安上がりですから，人は簡単に約束をします。しかし，いざ実行しようとするとその難しさに気づき，約束は簡単に踏みにじられることになります。約束とは，破られるためにあるようなものだというのが，ことわざの約束観です。

〈言うだけでは金はかからない〉
Talk is cheap.
〈約束はパイの皮のようなもの，破るためにつくられる〉
Promises are like pie-crust, made to be broken.

|教え| 実行の伴わない言葉は無益である

すでに述べたように，言葉や世論には大きな力がありますが，一方では言葉があまり力を持たないときもあります。それは実行の裏付けを欠くときです。実行力のない人間がいくら美辞麗句を並べても，何の役にも立ちません。言葉だけでは，食欲を満たしてくれません。賢者はしばしば助言をしてくれますが，実際に問題の解決をしてくれるのは，やはり資金のある者でしょう。

〈言葉だけで実行の伴わないものは雑草だらけの庭のようなもの〉
A man of words and not of deeds is like a garden full of weeds.
〈巧言を弄する者は空のスプーンで食べさせるようなものである〉
He who gives fair words feeds you with an empty spoon.
〈褒め言葉は腹を満たさない〉
Praises fill not the belly.

だから困ったときは,言葉だけの同情より,少しでも実のある援助のほうが有り難いものです。

〈小さな援助でも大きな同情と同じ価値がある〉
A little help is worth a deal of pity.

[教え] 仕事をしない人間は言葉が多くなる

言葉と行動の関係についていえば,言葉の多い者は行動が少ないと,ことわざはいいます。中身が空の人間は,それを糊塗するためにとかく大袈裟にしゃべったり,騒いだりするものです。それだけではありません。彼らはあまり仕事をせず,自慢話に明け暮れ,不平不満をわめき散らすようです。そんなおしゃべり人間にはなりたくないものです。

〈空の容器が一番大きな音を立てる〉
Empty vessels make the most sound.
〈一番仕事のできないものが一番ほらを吹く〉
They brag most who can do least.
〈荷車は一番悪い車輪が一番きしむ〉(怠け者が一番不平をいう)
The worst wheel of the cart creaks most.
〈おしゃべり屋は手抜き屋である〉
The greatest talkers are the least doers. =「口叩きの手足

らず」

(3) 言葉より大きい行動の価値

教え 言葉より行動が人の心を捉える

　言葉は話すが，行動は無言です。しかし，その無言の行動が声高な言葉より重みがあり，人の心を打ちます。下手な台詞より，巧みなパントマイムのほうが，よく心のうちを伝えるということでしょう。

〈言葉が語るより行動が語るほうがよく聞こえる〉
　Actions speak louder than words.

　言葉が信頼できないとすれば，やはり行動に頼るしかありません。言葉より行動が大切だとすることわざが必要になります。

〈言葉でなく行為を〉
　Deeds, not words. ＝「不言実行」
〈建てるより壊すほうが簡単である〉
　It is easier to pull down than to build.

　ここでは「建てること」は「行動」を，「壊すこと」は「批評」を意味していて，結局，批評より創造が，言葉より行動が難しいと説いているのです。
　しかし世の中には，言葉を弄ぶだけで生きている人が多いのです。皮肉屋のバーナード・ショーは次のように言いました。

〈出来る者は自分で行い，出来ない者が人に教える〉［ジョージ・バーナード・ショー］
　He who can, does. He who cannot, teaches.

　このショーの言葉は，口先だけで仕事をする世の学者や批評家たちに対する痛烈な皮肉を含んでいますが，同時にそれは商品であれ

芸術品であれ，ものをつくることに従事する人たちへの熱い賛辞でもあります。

[教え] 言葉だけでなく，実行せよ

人に忠告をしたり批評したりする場合も，行動の裏づけがなければなりません。自分で実行できないことを，人にとやかく言っても効き目がありません。人に説教できるのは，その人と同じことを実行できる人だけです。

〈人に説くことは自分でも実行せよ〉
　　Practice what you preach.
〈1オンスの実行は1ポンドの教訓にまさる〉
　　An ounce of practice is worth a pound of precept.
〈実例は説教にまさる〉
　　Example is better than precept.

次のことわざも，患者に養生を説く医者が，自分自身は不養生を重ねていることを皮肉っています。

〈医者よ，汝自身を癒せ〉［ルカ伝］
　　Physician, heal thyself. ＝「医者の不養生」

ルカによる福音書に，イエスがこのことわざを引用する場面があります。

ところで，行動の裏付けのない言葉は役に立ってくれない反面，あまり実害も与えないという一面もあります。誰かと喧嘩する場合，言葉だけで暴力に訴えなければ，自分も相手も肉体的な傷を負うことはありません。お互いに相手へ非難，中傷の応酬だけでことが済めば，命に別状はなく，それほど気にしなくてよいことになります。〈ペンは剣よりも強し〉などの対義ことわざです。

〈厳しい言葉も骨は傷つけない〉

Hard words break no bones.
〈棒や石は骨を折るかもしれないが、言葉は少しも傷つけない〉
Sticks and stones may break my bones, but words will never hurt me.（悪口だけで手出ししなければ傷つかない）

[教え] 怠惰な人間には悪魔が取り憑く

何もしない怠け者はただ、おしゃべりをしているだけではありません。困ったことに彼らは悪の道に入りやすいとことわざはいいます。日本の「小人閑居して不善を為す」が言うように、暇な人間には、悪魔が悪の道をそそのかします。

〈サタンは暇な人間に仕事をくれる〉
The devil finds work for idle hands to do.
〈怠け者の頭は悪魔の仕事場〉
An idle brain is the devil's workshop.
〈怠惰は諸悪の根元である〉
Idleness is the root of all evil.

しかし、怠惰な人間は悪の道に入りやすいという問題だけではありません。そもそも行動しないということが問題なのです。現代日本には、仕事も勉強もしないニート族という若者集団がいますが、彼らの親もまた社会も、悪いことをしなければまあいいかと、許しているようです。しかし、英語ことわざの世界では、何もしないことはそれだけで悪なのです。この世にいるかぎり、人間は何かをしなければなりません。無為は罪悪です。

〈何もしないことは悪事をすることと同じだ〉
Doing nothing is doing ill.

何もしないことが罪になる端的な例があります。たとえば、水に溺れているものや自殺しかけているものを放置すれば、そのこと自体が倫理的な罪に問われます。

第5章　文化と言葉について教える　　139

〈実行の罪があるように，不履行の罪がある〉
　There is a sin of omission as well as of commission.

(4)　因果応報

[教え]　原因のない結果はない

　自然現象と社会現象とを問わず，すべてのものには原因があります。そして原因のあるところには結果があります。だから原因がなければ結果はありません。

〈無からは何も生じない〉
　Nothing comes of nothing. ＝「蒔かぬ種は生えぬ」

　多くのバリエーションがありますが，シェイクスピアは『リア王』の中で，リア王にこのことわざを言わせています。
　原因があるから結果が生じるということは，結果があれば必ず原因があるということです。人の噂には，いい加減なものが多いのですが，まったく事実無根というのも少ないのです。噂にはそれなりの原因があるのです。そして，人が疑問に思うことには，必ず理由があるものです。

〈煙のあるところには火がある〉
　Where there's smoke, there's fire. ＝「火の無い所に煙は立たぬ」
〈すべての疑問には理由がある〉
　Every why has a wherefore.

　シェイクスピアの『間違いの喜劇』にも，このことわざが使われています。

[教え]　原因が悪ければ結果も悪い

　情報化時代の今日ですが，情報が不足していたり，情報が間違っ

ていたりしたのでは，正しい戦略も緻密な方針も立てることはできません。コンピュータに入れたデータがつまらないものであれば，どれほど入念に分析しても，役立つ結果は得られません。入力が悪ければ，出力も悪いということになります。

〈ガラクタを入れればガラクタが出てくる〉
　Garbage in, garbage out.

質問も同じです。的を射た質問でなければ，答えはピンぼけになります。

〈くだらない質問をすれば，くだらない答えしか返らない〉
　Ask a silly question and you'll get a silly answer.

教え　言動にはそれ相応の報いがある

さて，原因と結果の関係を過去の言動と現在の幸不幸の関係に当てはめるとき，「因果応報」の思想が生まれます。善行にせよ悪行にせよ，何か言ったり行ったりすれば，いずれは必ずそれ相応の報いがあり，それに対して人は当然責任をとらなくてはならないのです。

〈出ていったものは戻ってくる〉
　What goes around comes around. ＝「因果は巡る車の輪」
〈種を蒔いたように刈り取らなければならない〉［聖書・ガラテヤ人への手紙］
　As you sow, so shall you reap.
〈ベッドの作り方に応じて寝なければならない〉
　As you make your bed, so you must lie in it.

教え　よい言動にはよい報いがある

人に親切をつくせば，まわり回ってその親切は自分に返ってきます。日本の「情けは人の為ならず」が意味するように，人に親切を

すれば，自分も親切にしてもらえるということです。

〈よき種はよき作物をつくる〉
　Good seed makes a good crop.
〈他人に施すものは自らに施すことになる〉
　He who gives to another bestows on himself.
〈徳の種を蒔くものは名声の収穫を得る〉
　He that sows virtue, reaps fame.
〈花は贈り手にも香を残す〉
　Flowers leave fragrance in the hand that bestows them.
　（贈り物をすれば贈り手も恵みを受ける）

しかし，対価を求めておこなう親切は，本当の親切ではないかも知れません。そこで，善行はそれを行うこと自体のなかの喜びで報われる，ということわざも生まれるのです。

〈徳はそれ自体が報いである〉
　Virtue is its own reward.

徳の報いは徳自身であるから，徳を施して物質的報酬を期待してはいけないという意味です。

|教え| 悪い言動には悪い報いがある

さて，前掲の善い行いには良い報いがあるということわざは，それほど多くはありません。ことわざの世界で圧倒的に多いのは，悪い言動には悪い報いがあるというものです。日本のことわざにも「自業自得」「身から出た錆」「人を呪わば穴二つ」などの類義ことわざがいくつかあります。これらのことわざの裏には，もちろんそのような行為をするなという意味合いがあります。次に挙げるものは，すべてその種の類義ことわざです。

〈天に向かって唾する者は顔に唾を受ける〉

Who spits against heaven, it falls in his face.
〈災いを仕掛けるものは災いに遭う〉
Harm set, harm get.
〈他人に恥をかかせようとするものは恥をかくがいい〉
Shame take him that shame thinks.
〈危害を企てるものは危害を身に受ける〉
He that mischief hatches mischief catches.
〈他人に与える処罰は自分にも与えられるであろう〉
With what measures ye mete, it shall be measured to you again.
〈好きなことをいえば嫌なことを聞かされる〉
He who says what he likes shall hear what he does not like.
〈立ち聞きすると自分のよい噂は決して聞かないもの〉
Eavesdroppers never hear any good of themselves.
〈意地悪な仕打ちをすれば意地悪な仕打ちを受ける〉
One shrewd turn follows another.
〈呪いはひな鳥のようにねぐらへもどってくる〉
Curses, like chickens, come home to roost.
〈血は血を呼ぶ〉
Blood will have blood.
〈怒りは自らを罰する〉
Anger punishes itself.
〈アザミを蒔く者は刺を収穫することになる〉
He that sows thistles shall reap prickles.
〈真上に向けて射た矢は射手の頭に突き刺さる〉
The arrow shot upright falls on the shooter's head.
〈風を蒔いてつむじ風を刈り取れ〉［ホセア書］（悪事を働けば何倍もの罰を受けることになる）
Sow the wind and reap the whirlwind.

第5章 文化と言葉について教える

〈すべて剣を取るものは剣にて滅ぶ〉［マタイ伝］[5]

All they that take the sword shall perish with the sword.

|教え| 悪を許さず報復せよ

因果応報のことわざは，一方では悪から被害を受けた者が復讐を正当化する口実にも使えます。悪への復讐は，悪に対する正義の鉄槌だからです。

〈目には目を，歯には歯を〉［出エジプト記］

An eye for an eye, and a tooth for a tooth.

出エジプト記には，〈命には命，目には目，歯には歯，手には手，足には足，やけどにはやけど，生傷には生傷，打ち傷には打ち傷をもって償わねばならない〉とあります。この言葉はハンムラビ法典にもありますが，その精神は同害復讐法の考え方ですから，復讐の正当化というよりむしろ過剰な復讐を禁じていると解されます。つまり，目をつぶされたからといって，報復に殺人をしてはならないというものです。とは言うものの，復讐そのものを否定しているわけではありません。

いずれにせよ，悪は許してはなりません。許せば，悪人は再び悪を犯し，善人はいっそう悪に苦しめられるからです。さらに，次のことわざがあります。

〈悪人を許すことは善人を害するに等しい〉

Pardoning the bad is injuring the good.

しかし復讐は，悪に苦しめられたものの積年の恨みを晴らすことでもあり，その意味では復讐はカタルシスとして胸のつかえを晴ら

---

[5] ユダに導かれてイエスを捕えに来た者にイエスの弟子の一人が剣を上げ，その耳を切り落としましたが，その時イエスはこの言葉をいいました。その前に〈剣をさやに納めなさい〉の言葉があります。

してくれます。その人間心理を，ことわざは見逃しません。

〈復讐は甘美である〉
　　Revenge is sweet.
〈復讐は冷えてから食べると一番おいしい料理〉（時間をかけてゆっくりするほうが満足感がある）
　　Revenge is a dish best served cold.

これらのことわざは，復讐に潜む非人間性を暴いてはいますが，悪魔のささやきにも似た言葉で，簡単に口にすべきことではないでしょう。

(5)　許すことの大切さ

|教え|　人を非難・攻撃するな

さて，これだけ多くの因果応報のことわざを見てくると，因果応報は人間にとって宿命のように思えてきますが，決してそうではありません。これらのことわざは将来の災いを防ぐために，現在の言動に気をつけろという戒めの意味をもっているのです。

他人を非難・攻撃すれば，必ず仕返しを受けます。とくに自分の身に弱点や欠点を持っている人はいっそう気をつけなければなりません。

〈他人を裁くな，自分が裁かれないために〉［マタイ伝］
　　Judge not, that ye be not judged.

また，過剰防衛のあまり，他人に対してこけ脅しや空威張りも厳禁です。非力が暴露されたとき，かえってひどい目に遭うからです。

〈噛みつく勇気がなければ，歯をむくな〉
　　If you cannot bite, never show your teeth.

〈実行できないような脅しはするな〉
　Never make threats you cannot carry out.

|教え|　敵を許し，過去を水に流せ

キリストは「目には目を，歯には歯を」の言葉を引用した上で，次のように復讐を禁じました。

〈汝の右の頬を打つものあらば，左の頬も向けよ〉
　Whosoever shall smite thee on thy right cheek, turn to him the other also. [マタイ伝]

このほかにも，たとえ他人からひどい仕打ちを受けたとしても，寛恕の精神をもって相手を許せということわざがいくつかあります。

〈許して忘れよ〉
　Forgive and forget.
〈過去をして過去たらしめよ〉
　Let bygones be bygones. ＝「既往は咎めず」
〈自分以外の人はすべて許せ〉
　Pardon all but thyself.

徳川家康の遺訓に「己を責めて人を責むるな」がありますが，同じ思いでしょう。

しかし，許すことがなかなか困難なことは，誰もが日ごろ経験するところです。だからといって報復の挙にでたのでは，人間社会に争いの絶え間はなくなります。このジレンマを解決してくれることわざの知恵があります。それは，許すことを復讐の一種と考えることです。

〈最も崇高な復讐は許すことである〉
　The noblest vengeance is to forgive.

相手は許されることで自分より偉大な存在に気づき，必ず自分の行為に恥ずかしさと自責の念をもつことになります。それによって許したものの自尊心が満足されたかどうかは，この際，問題にしないでおきましょう。いずれにしても，許すことによって，その人はもっとも効果的な報復を，しかも崇高な報復をしたことになるのです。

|教え| 自分にして欲しいことを人にもせよ

「言葉と行動」の最後を締めくくるものとして，次のことわざを取り上げます。

《己の欲する所を人に施せ》［マタイ伝］［ルカ伝］
　　Do to others what you would be done by.

この言葉は，有名な黄金律としてキリスト教文化の中心をなす道徳律ですが，この教えの根底には人間はみな同じであるとする考え方があります。自分のして欲しいことは人もして欲しいのですから，人にそれを要求する前にまず自分でそれを人にせよ，というのです。

ちなみに，日本人の道徳律は，孔子の「己の欲せざる所を人に施す勿れ」ですが，これはキリストが肯定形で述べたのと同じ思想を否定形で言い表しています。そこには西洋の博愛主義の積極行動にたいして，東洋の慈愛に基づく自己抑制があることが知られます。

次の類義ことわざがあります。

〈人に助けてもらいたいように人を助けなさい〉
　　Help others as you would hope to be helped.
〈私の背中を掻いてくれればあなたの背中を掻いてあげよう〉
　　You scratch my back and I'll scratch yours. =「魚心あれば水心あり」

皮肉屋のバーナード・ショーはキリストの言葉を逆転させ，次の

名言をつくりました。

〈自分のして欲しいように人にしてはいけない。人の好みは同じでないから〉

Do not do unto others as you would that they should do unto you. Their tastes may not be the same.

さて，この章をお読みいただいた読者の方は，次のクイズに挑戦してみてください。

クイズ11 「文化と言葉」

【問】①～⑨は，カッコの中から適切な語句を選んで空所を埋めなさい。⑩～⑭は適切な語句で空所を埋めなさい。

① 〈非難の言葉の痛みはそれの（　　　）を表す〉（諧謔性・虚構性・真実性）
② 〈鳥は足で捕らえられ，人は（　　　）で捕らえられる〉（頭・舌・手）
③ 〈聞きたがり屋を避けよ，彼は（　　　）だから〉（嘘つき・告げ口屋・空き巣狙い）
④ 〈（　　　）を知らないものは話し上手ではない〉（発声法・黙ること・慣用句）
⑤ 〈愛が最も強いとき言葉は最も（　　　）〉（多い・少ない・美しい）
⑥ 〈（　　　）の家に住むものは石を投げてはいけない〉（煉瓦造り・ガラス・草葺き）
⑦ 〈（　　　）ことが最も誠実なお世辞になる〉（真似する・批評する・感心する）
⑧ 〈誰でも噂を流すことはできるが，噂を（　　　）ことはできない〉（止める・変える・広める）

⑨ 〈一回目の罪はそれを犯した者のもの，二回目はそれを（　　　）者のもの〉（繰り返した・許した・真似した）
⑩ 〈だれが猫に（　　）をつけるか〉
⑪ 〈今日という日は（　　　）の弟子である〉
⑫ 〈目は（　　）の窓である〉
⑬ 〈言葉が口の中にあるかぎりは自分のものだが，一度外に出せば（　　）のもの〉
⑭ 〈（　　　）が知恵の精髄〉［シェイクスピア『ハムレット』］

答 ① (真実性) The sting of a reproach is the truth of it.　② (舌) Birds are entangled by their feet, and men by their tongues.　③ (告げ口屋) Avoid a questioner, for he is also a tattler.　④ (黙ること) He cannot speak well that cannot hold his tongue.　⑤ (少ない) When love is greatest, words are fewest.　⑥ (ガラス) Those who live in glass houses should never throw stones.　⑦ (真似する) Imitation is the sincerest form of flattery. (相手の模倣癖を皮肉る場合にもつかう)　⑧ (止める) Anyone can start a rumor, but none can stop one.　⑨ (許した) The first faults are theirs that commit them, the second theirs that permit them.　⑩ (鈴) Who will bell the cat? ［イソップ物語の「鼠と猫」が原典］　⑪ (昨日) Today is yesterday's pupil.　⑫ (心) The eye is the window of the soul. ＝「目は心の鏡」　⑬ (他人) While the word is in your mouth, it is your own: when it is once spoken it is another's.　⑭ (簡潔) Brevity is the soul of wit. ［シェイクスピア『ハムレット』］＝「下手の長談義」

第6章　人間の内面について教える

　ここでは，人間の内面，すなわち能力や性格や感情について，ことわざが何を教えているか見てみましょう。取り上げる項目は次のものです。

　1.　長所と短所　　　2.　遺伝と環境
　3.　人倫と心情

1.　長所と短所

(1)　長所や才能の使い方

　|教え|　だれにでも長所や才能はある

　誰かがしたことは，誰でもしようと思えばできる可能性があるということです。しかし，だからといって，誰でもアインシュタインになれるということではありません。人にはそれぞれ個性があり，才能も違うのです。個性や才能は相対的なものですから，まわりの人の持ち合わせていない自分だけの個性や才能を大切にし，その芽を伸ばせばいいのです。そして才能は，歳をとっても衰えないものです。だから自信をもって何ごとにも取り組むべきです。

〈人間のしたことは人間にできることである〉
　Whatever man has done, man can do.
〈目の見えない者の国では片目の見える者は王様になれる〉
　In the country of the blind, the one-eyed man is king.

　フランスの思想家ルソーは『告白録』の中でこのことわざを引用した後，〈私がよい教師として通っていたのは他の教師がひどかったからだ〉と書いています。

|教え| 長所や才能は人に示して役立てよ

　才能をもつ者は，それを隠したり，埋もれさせたりしないで，人に役立たせなければなりません。宝の持ち腐れになってはいけません。才能は燈火と同じで，光り輝かせなければなりません。それはまた，日時計と同じで，陽のあたるところへ出してハッキリ見えるようにしなければ役に立ちません。

〈才能を隠すな，それは使うためにあるもの〉[ベンジャミン・フランクリン]
　Hide not your talents, they for use were made.

　このフランクリンの言葉の後には，次ぎのことわざが続いてきます。

〈日陰の日時計が何の役に立つか〉[ベンジャミン・フランクリン]
　What is the good of a sundial in the shade?

|教え| 才能の誇示や高慢は失脚をもたらす

　しかし，才能は隠さず役立てよということは，それを自慢せよということではありません。すぐれた才能は故意に示そうとしなくても自然に顕れるもので，人はそれを見て評価してくれます。自己の才能を見せびらかしたり自慢したりすれば，たとえ少しは価値があったとしても人は褒めてくれません。謙虚さを失って傲岸不遜な

態度に走れば，やがて人に見捨てられ，失脚の道を進むことになります。「驕れる者久しからず」です。

〈自画自賛は推薦にはならない〉
　　Self-praise is no recommendation.
〈傲慢は破滅に先立つ〉[箴言]
　　Pride goes before destruction.
〈高慢には失脚がつきもの〉
　　Pride will have a fall.

(2) 短所と過失

教え　短所や過失はだれにでもあるもの

人はだれでも欠点をもっていて，欠点のない人はいないのです。もしなんの欠点もない人がいたとしたら，欠点のないこと自体が欠点だといえます。長所さえ，別の角度から見れば短所なのです。

〈だれにも欠点はあるもの〉
　　Every man has his faults. =「無くて七癖」=「叩けば埃が出る」
〈だれもが長所という欠点をもっている〉（だれの長所でも裏を返せば短所だ）
　　Every man has the defects of his own virtues.
〈過つは人の性(さが)，許すは神の心〉[アレキサンダー・ポープ]
　　To err is human, to forgive divine.
〈ホーマーでさえときには居眠りをする〉[ホラティウス][1]
　　Even Homer sometimes nods. =「弘法にも筆の誤り」

---

[1] ホーマーは紀元前八世紀ごろのギリシャの詩人。ホラティウスは紀元前1世紀のローマの詩人です。

> [教え] 過失は率直に認め，改めよ

成功と失敗は紙一重という場合があります。しかしいくら少しの失敗でも失敗は失敗です。

〈1 インチのミスも 1 マイルのミスと同じ〉
　A miss is as good as a mile. ＝「五十歩百歩」
〈1 インチ外れたのも 1 エル外れたのと同じ〉（1 エルは昔の尺度の単位，イギリスでは 45 インチ）
　An inch in a miss is as good as an ell.

自分の失敗や過ちは，率直に認め，反省することが大切です。それにはまず，罪過を自ら認めることです。

〈過失を認めれば，償いは半ばすんでいる〉
　A fault confessed is half redressed.

失敗を改めるのに遅すぎることはないのです。いつでも気づき次第，改めることです。

〈改めるに遅すぎることはない〉
　It is never too late to mend. ＝「過ちては則ち改むるに憚ること勿れ」

そして，二度と失敗しないようにすることが大事です。二度目に失敗するということは，最初の失敗に学ばなかったことを意味します。失敗から学ばないものに，賢者の資格はありません。

〈一度だまされたらだました者の恥，二度だまされたらだまされた者の恥〉
　If a man deceives me once, shame on him; if he deceives me twice, shame on me.

> [教え] 自己卑下や卑屈な態度を取るな

しかし過失を認めることが大事だといっても，自分の過失や欠点を人に吹聴したりしてはいけません。誠実さは必要な美徳ですが，しかしあまりにも謙虚になりすぎてはいけません。それは自分を卑下することになるからです。人は従順すぎる相手を軽蔑したり，いじめたりしがちです。毅然として，人につけいる隙を与えないことも必要な資質です。さもないと，ハゲタカの餌食になる恐れがあります。

〈自分をネズミにするな，さもないと猫に食われる〉
　　Don't make yourself a mouse, or the cat will eat you.
〈責められないうちから許しを請うな〉
　　Never ask pardon before you are accused.
〈足が痛いなどと敵にはいうな〉
　　Never tell your enemy that your foot aches.
〈狼を贖罪師（しょくざいし）にするほど馬鹿な羊はいない〉
　　It is a foolish sheep that makes the wolf his confessor.

2. 遺伝と環境

(1) 大きい遺伝の力

|教え| 親から受け継いだ性質は変わらない

豹が斑点を変えることができないように，人間も親から受け継いだ性質を変えることはできないといいます。親に反抗する子どもでさえ，結局は親と同じ道を歩むものです。子供のときもっていた資質は，大人になってもそのまま受け継がれていきます。

〈豹はその斑点を変えることができない〉［エレミヤ書］
　　The leopard cannot change his spots. ＝「性は改むべからず」

日本のことわざにも「この親にしてこの子あり」とか「親が親なら子も子」がありますが，前者はすぐれた親にすぐれた子が生まれたときによく使いますが，後者は悪い親に悪い子ができた場合によく使います。英語にもそんなことわざがあります。

〈父と息子は似たもの〉
　　Like father, like son.
〈母と娘は似たもの〉
　　Like mother, like daughter.
〈リンゴは木からあまり遠いところへは落ちない〉（子供は親の職業を継ぐもの）
　　The apple doesn't fall far from the tree.

また，親から受け継いだ血は，隠そうとしてもおのずと現れるものです。

〈よい血統は欺かない〉
　　Good blood cannot lie.
〈血はものをいう〉
　　Blood will tell.

前者は良い遺伝が子孫に現れることをいいますが，後者は多くの場合，悪い血が子孫に及ぶことをいいます。

|教え|　受け継いだ資質以上を期待するな

子供が親と同じ平凡な道を進むことになるような場合，日本では動物や植物にたとえて，「カエルの子はカエル」，「ウリの蔓(ツル)にナスビはならぬ」などと言います。英語の場合も，少しでも自分以上になってもらいたいと思う親心でしょうか，分不相応な望みをかけるものですが，ことわざは，そんな無理な願望を抱く者に，ブタの子はブタ，ワシの子はワシ，といって諭してくれます。この類義ことわざも，多くあります。

〈豚からブーブー声以外の何が期待できるか〉

　　What can you expect from a pig but a grunt?

〈悪い犬からよい子犬は期待できない〉

　　We may not expect a good whelp from an ill dog.

〈ワシはハトを生まない〉

　　Eagles do not breed doves.

〈イバラからイチジクはできない〉

　　Of a thorn springs not a fig.

(2) 大きい育ちの力

|教え| 子が親に似るとはかぎらない

　たしかに、人間に与える遺伝の力は大きいのですが、一方では突然変異もあって親に似ない子供の生まれることもことわざは認めます。卓越した親に必ずしも優秀な子ができるとはかぎらないし、反対に出来のよくない親からも、「鳶が鷹を生む」ように、親に似ない立派な子ができることもあるといいます。立派な親も子どもの出来については安心しておれないし、何の取り柄もない親も子どもの将来を悲観することはないのです。

〈賢い親にはたいてい愚かな息子が生まれる〉

　　A wise man commonly has foolish children.

〈よい雌牛が悪い子牛を生むことが多い〉

　　Many a good cow has an evil calf.

|教え| 生まれより育ちが大切である

　人格の形成には、むろん家柄や生まれも大事ですが、それよりもさらに後天的なしつけや教育のほうが大切であるとすることわざが多くあります。「氏より育ち」なのです。歴史上の人物伝を見ても、家柄のいい人が落ちぶれる場合が多いし、反対に出自は大したこと

はなくても，努力して名をなした人が多くいます。遺伝より環境を重視することわざが，いくつかあります。

〈生まれも大事だが，育ちのほうがさらに大事〉
　　Birth is much but breeding is more.
〈教育は資質にまさる〉
　　Nurture is above nature.
〈教育と行儀作法が人をつくる〉
　　Nurture and good manners maketh man.

|教え| 身についた習慣の力は強い

育ちの過程で培われたものは習慣となって，生まれながらの性質と同じように身につくものです。そして人は理性で行動するよりは，習慣にしたがって行動しますから，一度身についた習慣は終生続くものです。

《習慣は第二の天性なり》
　　Habit is a second nature. ＝「習い性となる」
〈古い習慣はなかなか改まらない〉
　　Old habits die hard.
〈人間の性格を変えるのは，川や山の形を変えるより難しい〉
　　It is harder to change human nature than to change rivers and mountains. ＝「性は改むべからず」

とくに悪い習慣が身につくと，なかなかそこから抜け出すことができません。怠け癖がつけば，一生怠け者でいなければならないし，悪の道に入れば，一生悪の道を進まねばなりません。

〈一度乞食になるといつまでも乞食〉
　　Once a beggar, always a beggar. ＝「乞食を三日すれば止められぬ」
〈一度泥棒になるといつまでも泥棒〉

Once a thief, always a thief.
〈一度悪党になるといつまでも悪党〉
Once a knave, always a knave.

教え 子供のうちからよい習慣を養え

　習慣は強い力を持っていますから，人間はよい習慣をつけなければなりません。それもできるだけ早い時期につけるのが良いのです。日本でも「三つ子の魂百まで」といい，子供のころの性質は成人しても変わらないといいます。

〈揺りかごの中で学んだことは墓場までもっていかれる〉
What is learned in the cradle is carried to the grave.

　結局，子供のときもっていた資質は，大人になってもそのまま受け継がれていきます。大人をつくったのは，その人の子供時代です。そこで，イギリスのロマン派詩人ワーズワースは，次の有名なパラドックスを詩に読み込みました。

〈子供は大人の父である〉
The child is father of the man.

　同じような考え方で，名言を創った人がいます。『第二の性』で名高い仏小説家シモーヌ・ド・ボーヴォワールで，彼女は次の言葉を残しています。

〈人は女に生まれない，女になるのだ〉
One is not born, but rather becomes, a woman.

　女は育ちの中でつくられるというのです。
　そしてよい習慣を養うには，若いうちから鍛えることです。子供は厳しくしつけるべきで，甘やかしてはいけません。

〈鞭を惜しめば子供はだめになる〉[2]
　Spare the rod and spoil the child. ＝「可愛い子には旅させよ」

ただしこのことわざは，体罰の禁止が世界的傾向になりつつある現代では，昔日の威力を失い，「鞭」は単に「厳しいしつけ」の象徴でしかありません。同じように，相当する日本のことわざ「可愛い子には旅させよ」も，「旅」が快適になった今日，本来の意味を失っています。

〈駿馬をつくるのは手綱と拍車だ〉
　It is the bridle and spur that makes a good horse.
〈子供は見てやるだけでよく，おしゃべりを聞いてやってはいけない〉（子供は大人の前で黙っているべきだ）
　Children should be seen and not heard.
〈子供を鍛えて歩むべき道を教えよ〉
　Train up a child in the way he should go.

|教え| 怠ける若者は老いてから後悔する

イソップ物語に，『アリとキリギリス』の話があります。夏の間，働いたアリは冬にも食べ物があるのですが，歌い遊んだキリギリスは冬になると困り果てるのです。人間も同じで，若いうちに楽をすると，歳をとってから苦労します。やはり若いうちはせっせと勉強し，社会へ出てからは一生懸命働けば，老後は楽しく，安泰に暮らせるのです。

〈のらくら青年，食いつめ老人〉
　An idle youth, a needy age.

---

[2] このことわざは，旧約聖書『箴言』の次の一節に由来すると思われます。
　〈ムチを控える者は息子を憎む者。息子を愛する者はよく懲らしめる〉

〈向こう見ずな青年期は悔いの多い老年期となる〉
　Reckless youth makes rueful age.
〈若いころバラの上に寝れば，老いてからイバラの上に寝ることになる〉
　If you lie upon roses when young, you will lie upon thorns when old.

|教え| 自己形成は長い変革の道である

身についた悪習を脱し，新しい自分を生み出すのは簡単にはできません。粗野な人間が紳士に生まれ変わるには三代かかるとことわざはいいます。

〈紳士が生まれるには三代かかる〉
　It takes three generations to make a gentleman.

階級制度の厳しかったイギリスらしいことわざです。
このように，受け継いだ性質はなかなか変わりませんから，一念発起，何か新しいことをしようとするとき，古い自分が足かせとなってうまくいかないことがあります。自己の性質が自己の最大の敵になるのは，そのようなときです。

〈だれにとっても最大の敵は自分自身である〉
　Every man is his own worst enemy.

自己の殻を破って進歩するためには，人間は学ばなければなりません。何か新しいことを学べば，それは自己の性格になり，新しい自己が形成されるのです。

〈勉強したものは自分の性格になる〉
　A man's studies pass into his character.

人間は過去を変えることはできませんが，未来を変えることはできるのです。カナダの精神科医エリック・バーンも〈他人と過去は

変えられないが，自分と未来は変えられる〉You can not change the other people and the past, but you can change yourself and the future. といいました。

3. 人倫と心情
(1) 正直と自律の価値

|教え| 正直は最良の方策である

今日の市場経済のもとでは，少しでも利潤をあげようとして激烈な競争がくりひろげられます。その結果，インサイダー取引，政治家への不正献金，産地や賞味期限の偽装など，連日のようにマスコミで報じられています。しかし，けっきょく不正はバレて，企業は大打撃をうけるのです。経営の戦略は，いかにして信用を得るかでなければなりません。そのためのキーワードが「正直」なのです。

〈正直は最良の方策〉
　Honesty is the best policy.

しかし，一九世紀イギリスの哲学者でもあり経済学者でもあったリチャード・ウェイトリーは〈正直は最良の方策である，しかしこの格言に縛られて行動するものは正直な人間ではない〉と述べていますが，これは正直という言葉の本質をついた説明ではないでしょうか。

人間は徳をもって生きれば，心身ともに安定し，繁栄と長寿を享受するものです。反対に，不正を働いたり，他人をだましたりすれば，信用を失い，この世での成功はおぼつかなくなります。

〈正しい生活をするものは長生きする〉
　He lives long who lives well.
〈不正は決して栄えない〉

第6章　人間の内面について教える　　161

Cheats never prosper.

教え 自分で自分の面倒を見よ

かつて，日本の女性の美徳は「けなげ」でしたが，今では「自立」に変わりました。この福祉社会でも，相互扶助に加えて「自助」の大切さが説かれています。自立といい自助といい，人に頼らず，独り立ちするという意味では同じです。長く他人の世話を受けていると，どうしても遠慮がちになり，好きなことも自由に行えなくなります。依頼心のみ強くなり，人間として大事な自立心やプライドさえ失ってしまいます。

〈自立できないものは憶病である〉
　The dependent is timid.
〈乞食は選べない〉
　Beggars cannot be choosers.

だから，人はだれも自分の力で立たなければならないのです。自分の運命は自分でつくるものです。

〈十分面倒を見てもらいたければ，自分で自分の面倒を見よ〉
　If you would be well served, serve yourself.
〈すべての桶は底を地につけて立たねばならない〉
　Every tub must stand on its own bottom.

教え 自己を律する者は幸せである

他人に頼らず，自立できるようになった人間は，おのれ自身を律する術を身につけます。自分の不徳を罰し，自分の欠点を克服する力を身につけるとき，人は平穏と幸福を手に入れることができます。そしてそれは人の上に立ち，人を心服させることにもなります。おのれを律することのできない者に，どうして人を律することができるでしょうか。

〈おのれを制する者は、やがて人を制する〉
　He that is master of himself, will soon be master of others.
〈自らを律することのできない者は人を律することはできない〉
　He is not fit to command others that cannot command himself.

(2) 悩みや罪の意識

[教え] 悩みは健康に悪い

　肉体の疲れは、一晩眠ればたいていは取れるものですが、精神の悩みは、安眠を妨げ、疲れを翌日に持ち越します。健康に悪いのは仕事のしすぎではなく、心配のしすぎだとことわざは教えてくれます。

〈命取りになるのは過労ではなく心労である〉
　It is not work that kills, but worry. ＝「心配は身の毒」

　心をさいなむ心配のうちでも大きなものは、罪を意識する心、すなわち良心から生じるものです。人はだれでも良心をもっていますから、自分自身で自分を責めたてます。

〈罪を意識する良心は自己告発者である〉
　A guilty conscience is a self-accuser.
〈良心はだれをも憶病にする〉［シェイクスピア][3]
　Conscience makes cowards of us all.

[教え] 懺悔して良心の安らぎを得よ

---

[3] 『ハムレット』の有名な〈生きるべきか死ぬべきか〉で始まる独白の中にこの言葉があります。

もし何か心配事があったり，心に咎めるものがあったりすれば，親しい人に打ち明けて相談するのもよいし，神仏に祈って懺悔するのもよいでしょう。そうすれば，悩める心は苦悩から解放され，毎夜の安眠も約束されます。やましさを知らない良心は玲瓏透徹，一点の曇りもなくなり，心身ともに健康になること請け合いです。

〈率直な懺悔は心の安らぎである〉
　　Open confession is good for the soul.
〈平穏な良心は雷鳴の中でもよく眠る〉
　　A quiet conscience sleeps in thunder.

(3) 愛のさまざまな形

[教え] 異性愛や肉親愛は盲目である

愛という言葉は，大きく分けていえば，特定の相手への愛と，不特定な相手への愛の2種類になります。前者は異性愛や肉親愛などのいわば生物学的愛で，後者は隣人愛や人間愛など倫理学的愛です。ここではまず，生物学的愛についてことわざがどのように言っているか見てみましょう。

異性愛や肉親愛は，相手に対する強い密着型の愛であり，そこに理性や分別の入り込む余地は少なく，しばしば盲目的になりがちです。

〈恋は盲目〉
　　Love is blind.
〈恋と知識は両立せず〉
　　Love and knowledge live not together.
〈恋は欠点を見ない〉
　　Love sees no faults.

この種の愛は日本では恋と呼ばれていますが，激しい恋になる

と，しばしば理性を失わせます。相手の欠点でさえ長所に見えるし，相手に関係のあるものは何でも好きになりますが，いったん恋が冷めるとすべてが嫌いになるものです。恋する人の目は，相手を客観的に見ることはできませんから，果ては恋路の闇をさまようことになります。この意味のことわざは日本にも，「恋は思案の外(ほか)」「あばたもえくぼ」「恋路の闇」など，たくさんあります。

相手に対して盲目になるという点では，肉親愛も同じです。親が子供を知るのは難しいとことわざはいいます。対象を見誤らせるものは，強すぎる愛と，近すぎる距離です。一心同体の親子には，距離は皆無です。日本では「親の欲目」とか，それが高じると「親バカ」とか言います。

〈カラスは自分の子が一番美しいと思っている〉
　The crow thinks her own bird fairest.
〈自分の子供を知るのはよほど賢い父親〉
　It is a wise father that knows his own child.

このことわざの意味するところは，そんな賢い父親は存在しないので，大抵の父親は子供のことはほとんど知らない，つまり「親バカ」だということです。ちなみに，このことわざにはもう一つ，子供の本当の父親を知っているのは母親だけだ，という隠された意味もあります。

このようなことわざをみていると，異性愛や肉親愛は洋の東西を問わず，同じだという感を深くします。

|教え| 愛は同情からも生まれる

男女の愛はまた，同情からも生まれるといいます。トマス・サザンは戯曲「オルーノーコ」（その原作はアフラ・ベーンの同名小説）で，次のように書きました。

〈憐れみは恋の始まり〉［トマス・サザン］

Pity is akin to love.

このことわざがとくに日本で有名になったのは,夏目漱石が『三四郎』の中で引用したからです。ちなみに,與次郎はこれを俗謡調に「可哀想だた惚れたって事よ」と訳し,廣田先生に「下劣の極み」と貶されています。日本でも「恋と哀れは種一つ」ということわざが昔からありました。はじめ相手への同情から出発した愛も,相手を知るにつれ,本物の愛に変わるということです。

教え 恋の道は平坦ではない

シェイクスピアが「真夏の夜の夢」の中で書いているように,恋の道は決して平坦ではありません。ときには悲しい失恋もあります。

〈まことの愛の道は決して平坦ではない〉[シェイクスピア]
　　The course of true love never did run smooth.

テニスンは夭折した友人を追悼して書いた詩『イン・メモリアム』の中で,〈愛し失恋しても,まったく愛さなかったよりもずっとよい〉'Tis better to have loved and lost than never to have loved at all. と書きました。失恋そのものは悲しいことかもしれませんが,しかしそれは恋の炎を燃やしたものにしかできないという意味では,得難い人生経験であるはずです。

教え 恋の力は強い

恋の力は強いものです。恋をすれば,どんな障害でも排除する力と勇気が湧いてくるものです。恋する人はカギのかかった部屋でもこじ開けて入ります。恋する人には不可能の文字はありません。

〈恋は錠前屋をあざ笑う〉
　　Love laughs at locksmiths.
〈恋はすべてを征服する〉

Love conquers all.
〈まことの愛は朽ちることなし〉
True love never grows old.

[教え] 愛はこの世を動かす

　生物学的愛に対して倫理学的愛というものがあります。キリスト教でいう隣人愛とか博愛、仏教でいう慈愛とか恩愛という愛です。この種の愛は狭い個人の枠を超えて広がり、人の心に訴え、世の中を動かします。イソップ物語の「北風と太陽」が見事に示しているように、力ずくでは動かなかった人の心が自発的に動くように仕向ける力、これが温かい愛です。愛をこめて人に接すれば、人も愛をもって応えてくれます。愛は愛を生むのです。

〈愛は世の中を動かす〉
Love makes the world go round.
〈愛は愛を生む〉
Love begets love.
〈隣人を汝自身のごとく愛せ〉[マタイ伝]
Love your neighbor as yourself.

　『星の王子様』を書いたサン・テグジュペリは、次のように言いました。

〈愛は、お互いを見つめ合うことではなく、ともに同じ方向を見つめることである〉[サン・テグジュペリ]
Love does not consist in gazing at each other, but in looking together in the same direction.

　ここには、狭い個人愛を超え、広く同志愛、人類愛を目指そうとする作者の意思が感じられます。
　また、インドのスラム街で貧しい人々の救済に一生を捧げ、ノーベル平和賞を受けたカトリック修道女、マザー・テレサは、

一九八一年に来日したとき，次のように言ったといいます。

〈愛の反対は憎悪ではなく無関心である〉
　　The opposite of love is not hate, it's indifference.

　しかしこの言葉を最初に言ったのは，ユダヤ人作家のエリ・ヴィーゼルだとも伝えられています。いずれにしても，愛の反意語は一般に憎悪と考えがちですが，愛といい，憎しみといい，心の根っこにあるのは同じものですから，愛と憎しみは反意語ではなくて同意語なのです。愛の反意語は愛のない状態，すなわち無関心だというこの言葉には，深い意味があります。

(4) 結婚

　教え　結婚はすばらしい愛の結実である

　男女の間にいくら大きな愛があっても，結婚しなければそれは浮き草のような頼りないもので，実を結ぶことはありません。結婚してはじめて，愛は安定と充実と満足を得ることができます。そして古い，男性中心主義の考えかも知れませんが，結婚生活のかなめは妻です。家庭の中心には妻がいて，一家の幸福を支えているからです。よき妻は夫にとって宝です。

〈愛は結婚で実を結ぶ花である〉
　　Love is a flower which turns into fruit at marriage.
〈よい妻はよい宝〉
　　A good wife is a good prize.
〈よき妻と健康は男の最善の財産である〉
　　A good wife and health is a man's best wealth.

　教え　不幸な結婚は愛の墓場である

　素晴らしい夢を抱いて結婚したが，いざ共同生活をはじめると，

恋の彩りが剥げ落ち，相手の醜さが目立ちはじめることがあります。なかには，この結婚は間違いではなかったかと悩む人さえいます。人が結婚は愛の墓場だと思い始めるのは，そんなときです。愛の死滅した家庭は不幸の源泉です。そんな結婚をするくらいなら一生独身でいたほうがましだとことわざはいいます。

〈結婚は愛の墓場である〉
　　Marriage is the tomb of love.
〈悪い結婚は不幸の源泉である〉
　　An ill-marriage is a spring of ill fortune.
〈結婚して不幸になるより独身でいたほうがよい〉
　　Better be still single than ill married.

教え 家庭は自由を束縛する

結婚して家庭を持てば，だれでも独身時代のような自由を謳歌することはできません。やがて子供ができると，束縛はさらにきつくなるものです。そして，妻子を持つことは，運命に人質を取られたようなものと感じるかもしれません。妻子だけでなく，身内などもいないほうが安心して仕事に打ち込めるし，出世も早いとことわざはいいます。

〈妻子あるものは，運命に人質を取られたようなもの〉
　　He that hath wife and children hath given hostages to fortune.
〈一人で旅する者が一番速く旅をする〉（家族や親類などの係累は仕事や出世の邪魔）
　　He travels fastest who travels alone.

いずれにしても，家庭をもつことは自由の束縛になります。ある人は，次のことわざのように，束縛どころかそれ以上のものと思うかも知れません。

〈結婚は監禁である〉

　Wedlock is a padlock.

さて，この章をお読みいただいた読者の方は，次のクイズに挑戦してみてください。

クイズ12　「人間の内面」

【問】　適切な語句を選んで空所を埋めなさい。

① 〈(　　　)ならでは美人を得る資格なし〉（知恵者・勇者・美男）
② 〈己を罰することのできる者は(　　　)である〉（不幸・幸福・賢明）
③ 〈人は理性で行うより(　　　)で行うことのほうが多い〉（命令・本能・習慣）
④ 〈愛の報いは(　　　)である〉（憎・利・愛）
⑤ 〈失敗しない者は(　　　)のことである〉（空想上の者・何でもできる者・何もしない者）

答　①（勇者）None but the brave deserves the fair.　②（幸福）Happy is he that chastens himself.　③（習慣）Men do more things through habit than through reason.　④（愛）Love is the reward of love.　⑤（何もしない者）He who makes no mistakes makes nothing.

第7章 人生の生き方について教える

　人生を全体として統一的に考えるとき，だれもが人生観をもちます。そこには楽観主義的な考え方，悲観主義的な考え方，極端に走る人，中庸を重んじる人，さまざまな考え方があります。ここでは次の項目を取り上げます。

　1.　人生と現実　　2.　楽観論の勧めと戒め
　3.　極端と中庸

1.　人生と現実

(1)　世の中の変化

　|教え|　この世にあるものはすべて変化する

　世の中はさまざまな人で出来ていますが，この世に生きるとは，顔も心も違うそのさまざまな人と一緒に暮らすことです。次のものはいずれも，世はさまざま，「十人十色」を表すことわざです。

　〈人の数だけ心は違う〉
　　So many men, so many minds.
　〈いろいろな国にいろいろな習慣がある〉

So many countries, so many customs. ＝「所変われば品変わる」

それぞれ違う人からできているのが世の中ですから、その意味で変化は人生の味付けです。変化があるから、人生は面白いのです。

〈世の中をつくるにはさまざまの人が必要〉
It takes all sorts to make the world.
〈変化は人生のスパイスである〉
Variety is the spice of life.

しかも、この世の中にあるすべてのものは一刻も留まることはなく、変化しています。まことにヘラクレイトスのいうように〈万物は流転する〉Everything is in a state of flux. (「パンタ・レイ」) なのです。ここには、永久不変のものは何一つありません。もしあるとすれば、それは変化するという事実だけです。

〈「変化」以外に永久のものはない〉［ヘラクレイトス］
There is nothing permanent except change. ＝「諸行無常」

だから、今日の幸せが明日の幸せとはかぎらないのです。

〈今日はここにあるが、明日にはもうない〉
Here today, and gone tomorrow.

自然についても、それは同じです。一見、自然は悠久不変のように思えますが、われわれ自身との関係から眺めれば、自然の事物は一つとして同じままであることはできません。われわれ自身が変化するからです。

〈同じ人が同じ川を二度渡ったことはない〉
The same man never crossed the same river twice.

たとえ今日渡った川が昨日と同じ場所にあったとしても，流れる水は昨日と同じではないし，渡ったわれわれ自身も，昨日のわれわれ自身ではないのです。

もっと大きな時の流れの中で変わるものに，風俗習慣がありますが，人はそれに合わせて生きるしかありません。

〈時代が変われば風習も変わる〉
　Other times, other manners. ＝「移り変わるは浮き世の習い」

生あるものは必ず滅びます。

〈人生ははかない夢にすぎない〉
　Life is but an empty dream.

このようにはかなく，変化に満ちた人世であるだけに，そこには未知の事実が満ちあふれ，それらは奇々怪々，フィクションよりずっと面白いといえます。だから，イギリスの詩人バイロンは，叙事詩『ドン・ジュアン』の中で次のように書きました。

〈事実は小説より奇なり〉［バイロン］
　Truth (or Fact) is stranger than fiction.

われわれ自身の身にも，いつなんどき何が起こるかわかりません。そのような変化に，この世に住む人々は，ある意味で慣れています。だからこそ，人目を引く事件もすぐに忘れられ，驚異の念もすぐに消え去るといえます。

〈驚きは九日しか続かない〉
　A wonder lasts but nine days. ＝「人の噂も七十五日」

[教え] 変化の中には繰り返しがある

しかし，変化するといっても，そこには変わらないものがありま

す。たしかに，世の中は流転し，変化します。しかしそれは個人にとってのことです。個人は一生のうちに，さまざまな変化を経験します。だが，個人を越えて巨視的に眺めてみましょう。するとそこには，類としての人間が浮かび上がります。類としての人間，つまり人類は，変化を同じことの繰り返しとして経験しますから，そこには新しきものはありません。すべては循環する四季のごとく，繰り返すのが世の中の常であり，人間の歴史です。だから次のことわざがあります。

〈歴史は繰り返す〉［トゥキュディデス］
　　History repeats itself.
〈二度あることは三度ある〉
　　What happens twice will happen thrice
〈太陽の下に新しきものなし〉［伝道の書］
　　There is nothing new under the sun.

旧約聖書の伝道の書はコヘレトの言葉ともいい，次の言葉があります。

〈昔あったものはこれからもあり，昔起こったことはこれからも起こる。太陽の下に新しきものはなにもない〉

そして，必ずめぐって来るものに，人間の死があります。死は，万人にとって避けることができないものです。だが，人は一度死ねば二度と死ぬことはありません。それ故に，だれももう一つの別の死を選ぶことはできません。人間の死に様は天によって定められているといえます。その意味で，死は偉大な平等主義者といえます。日本でも，「冥土の道は王もなし」といいます。

〈死と税金以上に確かなものはない〉［ベンジャミン・フランクリン］
　　Nothing is certain but death and taxes.
〈死ぬかもしれないのは若者だが，必ず死ぬのは老人だ〉

Young men may die, but old men must die.
〈死は偉大な平等主義者である〉
Death is the great leveller.

(2) 人生における運・不運

|教え| 幸運の者もあれば不運の者もある

人の一生ほど不思議なものはありません。〈銀のさじを口にくわえて生まれる〉幸運児もいれば、そうでない者もいます。そして幸運にせよ不運にせよ、さらに事態を甚だしくさせるのは、いずれもそれが永続するということです。死に神は偉大な平等主義者ですが、幸運の女神はどうやらそうでないところに、人生の皮肉があります。幸運は特定の人にしか微笑まないようです。

〈成功ほど続いて起こるものはない〉
Nothing succeeds like success.

一方、運の悪いものにとっては、悪運は連続して起こるものであるし、悪い事態はさらに悪化するものです。この状況を日本のことわざも、「泣きっ面に蜂」とか「一難去ってまた一難」といいます。冷静に考えれば、自分のおかれた状況をつくり出したのは自分の責任であるかもしれませんが、とくに人生の落伍者を自認する者はそれを運命のせいにしたがるものです。そのせいか、幸運を羨んだり、不運を嘆いたりすることわざが多くあります。

〈不幸は単独では来ない〉
Misfortunes never come singly. =「弱り目に祟り目」
〈降れば土砂降りとくる〉
It never rains but it pours.
〈パンは落ちると必ずバターのついた側が下になる〉
The bread always falls on the buttered side.

第7章　人生の生き方について教える

|教え| 運命の神も人間も気まぐれである

このように，幸運も不運も続くものとすれば，運命をつかさどる神はかなり不公平であるように感じられます。そんなことわざがいくつかあります。

〈神は歯のない者にクルミを授ける〉
　The gods send nuts to those who have no teeth.

折角クルミを授かったとしても，老齢のためそれを食べるだけの健康な歯が失われていたら，運命の神の嫌がらせとしか感じられないかもしれません。

〈神はつねに大軍に味方する〉
　God is always on the side of the big battalions.

戦争で大軍を擁するほうが勝つのは，物理的必然かも知れませんが，負けた者のひがみは神が大軍に味方したからと感じるのでしょう。
　運命の神は，また人間の結婚についても気まぐれを発揮します。運良く良縁に恵まれるものもいれば，恵まれないものもいて，まことに「縁は異なもの」，すべては神の御こころ次第だと，ことわざはいいます。

〈縁組みは天国でなされる〉
　Marriages are made in heaven.

さて，神が気まぐれであるとすれば，まして神のつくった人間はなおさら気まぐれであるはずです。平素神に祈ったことのないものも，困ったときだけは神にすがり，危険が過ぎ去るやいなや，神に祈ったことさえ忘れてしまうのが人間だというのです。

〈危険が過ぎると，神は忘れられる〉
　Danger past, God forgotten. ＝「苦しいときの神頼み」

さらに，人間の気まぐれは，現在の自分さえよければ先のことはあずかり知らぬという，エゴイズムにまで発展することがあります。

〈わが後に洪水来たれ〉
　After us the deluge. ＝「後は野となれ山となれ」

これは，一説にはルイ十五世の愛人，ポンパドゥールの言葉と伝えられていますが，古くからあるフランスのことわざが起源のようです。

教え　神は努力する人間を助けてくれる

たしかに，運命の神は気まぐれな一面があります。何をしても失敗続きのとき，人は神に見放されたと思うかもしれませんが，しかし落胆は無用です。神は，努力を放棄して神頼みをする人間は助けてくれないかもしれませんが，自ら努力する人間は必ず助けてくれる，というのが次のことわざの主張です。

《天は自ら助くるものを助く》
　Heaven helps those who help themselves

このことわざには，多くのバリエーションがありますが，初出はイソップ物語の『ヘラクレスと牛追い』のようです。牛の引く荷車が溝にはまり，牛飼いが天の神ヘラクレスに助けを求めると，ヘラクレスが現れて「ウシを鞭打ち，自分で荷車を押せ。努力せずに神頼みしてもダメだ」と言ったという話です。そしてこの話は「神は自分で努力する者を助けてくれる」という教訓で締めくくられています。

努力のすえ，神の加護を得ることができたということは，自分の努力が幸運を呼び込んだということになります。その意味で，自分の運命は自分で切り開くものであると，ことわざは教えます。

第7章 人生の生き方について教える

〈誰もが自分の運命の設計者である〉
　Every man is the architect of his own fortune.
〈勤勉は幸運の母〉
　Diligence is the mother of good luck. =「稼ぐに追い付く貧乏無し」

次のことわざの知恵も，中国起源の「人事を尽くして天命を待つ」に似ていて，人間は努力の後は天の配剤を信じ，運を天に任せよということです。

〈神の水車はゆっくりと粉をひく〉
　The mills of God grind slowly. =「天網恢々粗にして漏らさず」
〈計画は人にあり，決裁は神にあり〉
　Man proposes; God disposes.

これらのことわざの意味することは，長い目で見れば神の裁きは公正であり，勤勉に努力するものには，神は恩恵を授けるということです。

(3) 人生の対処の仕方

|教え|　人間はみな平等である

人間はそれぞれ地位，財産，才能などの違いがあり，そのかぎりでは平等ではないかもしれません。しかしこの世に生を受け，その生を維持していくという点では，身分の区別はなく，みな同じ権利をもっているはずです。ちょうど死が偉大な平等主義者であるのと同じように，生も偉大な平等主義者でなければならないのです。

〈太陽は万人を平等に照らす〉
　The sun shines upon all alike.
〈われわれはみなアダムの子供である〉

We are all Adam's children.
〈天びんは金も鉛も区別しない〉
The balance distinguishes not between gold and lead.

教え 人生には楽しみもあり，苦しみもある

一面では，人生は甘美なものであるし，とくに中年以降は人生の楽しさを謳歌できるとすることわざがあります。しかし一方では，遊んでいるだけが人生ではなく，働かなければならないし，嫌な苦労や不愉快な目にも堪えなければならないと警告することわざもあります。ことわざは生活の知恵ですから，人生の両面を公平に見ているのです。

次のことわざは，人生は楽しいというものです。

〈人生は甘美である〉
Life is sweet.
〈人生は40歳から始まる〉
Life begins at forty.

次のことわざは，人生は苦しいというものです。

〈人生はビールとボーリング遊びだけではない〉
Life is not all beer and skittles.
〈死ぬまでに多くの泥を食べなければならない〉（多くの侮辱に耐えなければならない）
You have to eat a peck of dirt before you die.
〈長生きすると苦労も多い〉
Long life has long misery. ＝「命長ければ恥じ多し」

教え 人生の苦楽をありのまま受け入れよう

人生に楽しい一面も，苦しい一面もあるとすれば，人はその両面をありのままに受け入れなければなりません。

〈物事はあるがままに受け入れよ〉
　　Take things as you find them.
〈苦いものは甘いものと一緒に受け取れ〉
　　Take the bitter with the sweet.

　また，人生の勝負は時の運，成功もあれば失敗もあります。自分だけ勝とうと思ってはなりません。徳川家康の家訓に，「勝つ事ばかり知りて，負くる事を知らざれば害その身に到る」があります。世の中は持ちつ持たれつです。もらいっぱなしではいけません。

〈どんな勝負もみんな勝てるわけではない〉
　　You can't win 'em all.
〈自分も生き，人も生かせ〉
　　Live and let live. ＝「世の中は相持ち」

　そして，自分の身に不運が降りかかっても，人生はこのようなものと諦め，我慢することも大事なことです。次のことわざは，卑近な例を挙げて，人生はそういうものだと教えています。フランス人がよく口にする〈セ・ラ・ヴィ〉も同じ意味でしょう。

〈それがボールの跳ね方だ〉
　　That's the way the ball bounces.
〈それがクッキーの砕け方だ〉
　　That's the way the cookie crumbles.

　ボールは地面がデコボコだと不規則にはねて捕まえそこなうし，クッキーはぽろぽろこぼれてきれいに食べることができないことから，意のままにならない運命の喩えなのです。
　さて，ありのままを受け入れた後で，大事なことは今日という日をいかに生きるかです。過去を振り返れば今日は最後の日になりますが，未来を見据えれば今日は最初の日になります。そこで次のようなことわざがあります。

〈毎日をあなたの人生の最後と思って生きよ〉
Live every day as though it were last.
〈今日は残された人生の最初の日である〉
Today is the first day of the rest of your life.

　今日を〈人生の最後〉と思うことわざは，できれば若者に勧めたいと思います。なぜなら若者は人生が無限だと思っているからです。そして今日を〈人生の最初の日〉と思うことわざは，高年者に勧めたいと思います。なぜなら高年者は明日はもう無いと思うかも知れないからです。今日を最後と思うか最初と思うか，皆さんはどう思われますか。

2. 楽観論の勧めと戒め

　二面性の観点から人生を眺め，人生が幸と不幸，禍と福の交互の繰り返しから成り立っていると悟れば，不幸のどん底にあるものもいずれ幸運が訪れるという希望をもつことができます。また反対に，幸福の絶頂にあるものも先はどうなるかわからないという，不安に襲われることになります。ここに，人生を楽観的に生きることを勧めることわざと，楽観を戒めることわざとが生まれる所以があります。

(1) 楽観の勧め

　教え　不幸の後には幸福が来る

　まず，楽観をすすめることわざを見てみましょう。
　空を覆う不吉な暗雲でも，向こう側には太陽の光明が輝いています。厳しい冬が来れば，かならず希望の春が来ます。不幸の次には必ず幸福が訪れます。マーガレット・ミッチェル原作の映画『風と友に去りぬ』のラストシーンで，南北戦争に翻弄され，結婚にも夢

第7章 人生の生き方について教える　　181

破れたヒロインのスカーレット・オハラも,〈トゥモロー・イズ・アナザー・デイ〉と叫んで, 生きる勇気を捨てませんでした。映画では次のように訳されていました。

〈明日という日がある〉
　　Tomorrow is another day. ＝「明日は明日の風が吹く」

楽観的見方をすすめることわざの背景にあるものは, むしろ厳しい現実生活です。その苦しさを軽減させるためには, 明るい楽天主義が必要なのです。「待てば海路の日和あり」「苦あれば楽あり」に相当することわざは, 次のように多くあります。

〈どの雲にも銀の裏地がついている〉
　　Every cloud has a silver lining.
〈どんな長い日(夜)でも終わりがある〉
　　The longest day 〈or night〉 will have an end.
〈どんな長い道でも必ず曲がり角がある〉
　　It is a long lane that has no turning.

次のことわざは, 同じ楽観主義を天候や気候に関することわざで言い表します。これらのものは, 本来天気ことわざとしての役割を担っていたものですが, 次第に一般的教訓を含むものとして, 使われるようになったものです。

〈嵐の後には凪がくる〉
　　After a storm comes a calm. ＝「雨降って地固まる」
〈三月の風と四月の雨で五月の花が咲く〉
　　March winds and April showers bring forth May flowers.
〈冬来たりなば, 春遠からじ〉
　　If winter comes, can spring be far behind?

これは, 英抒情詩人シェリーの「西風に寄せる歌」の一節ですが,

引用句として多くの人に愛唱されてきました。口ずさめば、だれにも冬の厳しさに堪え抜こうとする勇気が湧きます。

とくに次のことわざは、不幸のどん底にある人をかぎりなく勇気づけてくれます。「禍福は糾える縄の如し」ですから、禍がピークに達したときこそ、福に転じる機縁があるというのです。最悪のときに希望が兆し始めるという考え方には、人生の深い真理があります。

〈夜明け前がいつも一番暗い〉
　It's always darkest before the dawn.
〈物事は最悪のときに好転し始める〉
　When things are at the worst they begin to mend.

教え　不幸が人を賢くする

ことわざの教えはまた、精神衛生の向上に役立ちます。不幸にさいなまれている者でも、その境遇への対処の仕方によっては、それを幸福に変えることができるというものです。というより、むしろ逆境があるからこそ、人はそれに耐えながら逆境を克服する力を獲得し、成長していくものだといいます。そのようにプラス思考で考えれば、逆境はすばらしい神からの恩恵だということになります。

〈逆境が人を賢くする〉
　Adversity makes a man wise. ＝《艱難汝を玉にす》

この日本のことわざは一見中国起源の格言に思われますが、そうではなくて、英語の Adversity makes a man wise. の意訳として明治時代に日本で作られたものなのです。

〈苦労が経験をもたらし、経験が知恵をもたらす〉
　Trouble brings experience and experience brings wisdom.
〈逆境のもたらす利益はすばらしい〉［シェイクスピア『お気に召す

第7章 人生の生き方について教える 183

まま』]
　Sweet are the uses of adversity.

そしてもう一つの精神衛生は，現在の不幸をさらに大きな不幸と比較することです。そうすれば自分の不幸はそれほどでもないことになり，少しは気持ちが楽になるものです。と同時に，幸福も不幸も相対的なものであり，幸福あっての不幸，不幸あっての幸福ということがわかり，人生を見つめる目が確かなものになっていきます。

〈幸運の何たるかは不運が教えてくれる〉
　Misfortunes tell us what fortune is.
〈雲がなければ太陽の有り難さはわからない〉
　If there were no cloud, we should not enjoy the sun.
〈悪に堪えた者が最も善を知っている〉
　No man better knows what good is than he who has endured evil.

教え 生きているかぎり希望はある

人間を敗北から救うものは希望です。希望がなければ人生は絶望の連続ですが，希望があるから人間は失敗や不運からも立ち上がれるのです。それには，どれほどひどい打撃を受けても，死んではいけません。生きているかぎり，最悪の事態に対しても解決策はあるものです。「命あっての物種」です。

〈生きているかぎり希望がある〉
　While there is life there is hope. ＝「死んで花実が咲くものか」
〈希望は貧者のパンである〉
　Hope is the poor man's bread.
〈死以外にはすべて救済策がある〉

There is a remedy for everything except death.

> [教え] 将来について取り越し苦労をするな

　実際に不運や不幸が来ないうちから，先のことをあれこれ心配する人がいますが，そんな取り越し苦労は無駄です。苦難への対処の仕方は苦難に出会ったときに考えればよいのです。そして何か困ったことが起きたときも，くよくよせずに笑い飛ばすのが賢明です。G. ブッシュ元大統領（父親）は以前，グラミー賞を受賞したボビー・マックフェリンの歌のタイトルから引用して，〈くよくよせずに楽しくやろうぜ〉Don't worry. Be happy. を選挙のキャッチフレーズにして成功しました。

　次のことわざはすべて，ことが起こらないうちから心配するなという意味のものです。

〈苦労に出会うまで苦労するな〉
　Never trouble trouble till trouble troubles you.
〈怪我をしないうちから泣くな〉
　Don't cry before you are hurt.
〈災難を途中まで出迎えにいくような真似はするな〉
　Don't meet trouble half-way.

(2) 楽観の戒め

> [教え] 人はいつ不幸になるかわからない

　さて，人生を二面性においてとらえることわざは，一方では前述のような楽観的態度をすすめることわざを生みますが，同時に当然のことながら，他方ではあまりの楽観は禁物であるとして慎重をすすめることわざをも生み出します。現在いかに幸せな境遇にあったとしても，運は不運と隣り合わせですから，いつ不幸が訪れるかもしれません。幸福や快楽は，決して長続きしないものです。「驕れ

第7章 人生の生き方について教える

る者久しからず」が世の常です。ここに取り上げることわざは，すべてそのようなものです。

〈どんな良いことにも終わりがある〉
　　All good things come to an end. ＝「楽あれば苦あり」
〈凪の後には嵐が来る〉（つかの間の不気味な静けさに用心せよ）
　　After a calm comes a storm. ＝「嵐の前の静けさ」
〈朝食前に歌えば，夜の来ないうちに泣くことになる〉
　　If you sing before breakfast, you will cry before night.

また，規則正しく平穏な生活を営み，不幸とは縁遠く思われる人にとっても，災いや事故はいつ何時起こるかもしれません。

〈どんな規則正しい家庭にでも事故は起こるもの〉
　　Accidents will happen in the best-regulated families.

|教え| 希望や期待は人を惑わすことがある

人生に期待や希望が必要だからといって，あまりにそれに執着するのはよくないこともあります。希望に満ちて一日を始めるのはよいのですが，希望が夕方になっても実現しないときは諦めなければなりません。希望に執着しすぎると，幻滅に終わりがちなものですから，その意味で希望は人を惑わすものということができます。

〈希望は朝食としてはよいが，夕食としてはよくない〉
　　Hope is a good breakfast but a bad supper.
〈希望はしばしば愚者を惑わす〉
　　Hope often deludes the foolish man.

次のことわざはもっとはっきりと，期待するなと説きます。

〈ここから入らんとする者はすべて希望を捨てよ〉［ダンテ］
　　Abandon hope, all ye who enter here.

このことわざの出典はダンテの「神曲」の「地獄編」ですが、地獄という絶望の極地に入ろうとするものには、一切の希望は無用であるというものです。実際は、このことわざはユーモラスに用いられることが多いようです。

|教え| ぬか喜びをするな

この人生では、先のことはどうなるかわからないのですから、たとえ期待が実現しそうであっても、その気になったり、先走って喜んだりしますと、失望に終わるのが落ちです。

〈卵がかえらないうちにヒヨコの数を数えるな〉
　Count not your chicken before they are hatched.[1] ＝「捕らぬ狸の皮算用」

ぬか喜びをいましめることわざは、次のように多くあります。

〈クマの皮を売る前にクマを捕らえよ〉
　Catch your bear before you sell its skin. ＝「捕らぬ狸の皮算用」
〈森を出るまでは喜びの叫びをあげるな〉
　Don't halloo till you are out of the wood.
〈金が手に入らないうちに金を使うな〉
　Never spend your money before you have it.
〈茶碗を口にもっていくまでのわずかな間にも失敗はいくらでもある〉
　There's many a slip between the cup and the lip.[2]

---

[1] このことわざは、イソップ物語の『乳搾り女と桶』に由来しています。乳搾りの少女がミルクを売りに行く途中、売ったお金でタマゴを買い、それを孵らせニワトリを育てたらきれいな服が買えるなどと空想しているうちに、ミルクをこぼしてしまい、何にもならなかったという話です。

[2] このことわざは、ギリシャ神話の故事にちなんだものです。アルゴー船の舵

だから，人間の一生がどうなるかということや，ある人が幸福であったのか不幸であったのかということは，その人の死の瞬間までわからないのです。

〈だれでも死ぬまではその人を幸せだというな〉
　Call no man happy till he dies.

このようなおびただしい数の類義ことわざを見ていると，昔からいかに多くの人たちがさまざまな状況の中で，ぬか喜びに泣いてきたかが痛いようにわかります。

教え　将来に備えよ

人生が禍福のない交ぜたものであるとするならば，現在の幸福が決して将来の幸福を保証するものではないはずです。だとすれば，将来の幸福を確保するための最善の方法は，不幸になってからその脱出の道を探すのではなく，不幸になる前にそうならない対策を講じておくというのが，ことわざの知恵です。病気についても同じで，現在は予防医学が発達して，病気の治療よりも予防のほうに力を入れるようになってきました。

〈最善を望み，最悪にそなえよ〉
　Hope for the best and prepare for the worst. ＝「備え有れば患い無し」
〈予防は治療にまさる〉
　Prevention is better than cure. ＝「転ばぬ先の杖」

手アンカイオスは，彼のブドウ畑から取れたぶどう酒を生きて味わうことはないという予言を，彼の奴隷から受けていました。しかし，ぶどう酒が出来上がったので，奴隷を呼んで予言の取り消しを求めると，奴隷はこのことわざを口ずさみました。その瞬間，イノシシがブドウ畑を荒らしに現れたので，アンカイオスはぶどう酒の杯をその場に置き，イノシシ退治に出かけましたが，そのまま死んでしまい，結局，ぶどう酒は飲めなかったといいます。

〈平和の時に戦いにそなえよ〉
　　In peace prepare for war. ＝「治にいて乱を忘れず」

3. 極端と中庸

(1) 調和の勧めと極端の戒め

[教え] 自然は調和から成り立つ

　ここでは，何事であれ極端をしりぞけ，万事に中庸を求めようとする英米人の現実主義を見てみたいと思います。ことわざは，この世界は調和から成りたっていると考えます。この世に存在するものはすべて，調和という自然の法則に支配されています。自然はその調和を破ることを決して好みません。調和を破るものがあれば，自然は自らこれを改めるのです。人間はその中で生きるしかありません。

〈自然は急激な変化を好まない〉
　　Nature hates all sudden changes.
〈自然は真空を嫌う〉（自然は足らざるを補う）
　　Nature abhors a vacuum.
〈水は自ら水平を求める〉
　　Water seeks its own level. ＝「水は低きに流る」

[教え] 人間の世界にも調和が必要である

　人間の世界も，自然の世界と同じように調和に満たされなければなりません。ものはあるべき場所になければならないし，持つべき人が持たなければならなりません。

〈何物にも相応の場所があり，何物もその場所にあるべし〉
　　A place for everything, and everything in its place.
〈馬の前に荷車をつなぐな〉

第7章 人生の生き方について教える　189

　　　Don't put the cart before the horse. =「本末転倒するな」

聖書起源の次のことわざは，もっとはっきりと，ものはその内容にふさわしい器に入れよと説きます。

《新しい酒は新しい革袋に盛れ》［マタイ伝］
　Don't put new wine into old bottles

この後には次の言葉があります。

〈さもなくば革袋は破れ，ぶどう酒は流れいで，革袋も駄目になる〉
　Other wise, the bottles break and the wine runs out, and the bottles are destroyed.

新しい内容は新しい形式にという願望が人間精神にも及ぶとき，次のようなことわざが生まれます。

〈健全な身体に健全な精神〉
　A sound mind in a sound body.

このことわざはギリシャ詩人ユベナリスに起源をもつものですが，本来の意味は〈健全な肉体に健全な精神が宿ることを祈る〉という願望を表したものです。しかし，現在では〈健全な肉体に健全な精神が宿る〉という，一般的真理を述べたものとしても用います。

19 世紀にビクトリア朝を代表する英詩人ブラウニングは，この調和の世界を高らかに歌いました。

〈神，そらに知ろしめす。すべて世はこともなし〉［R・ブラウニング，上田敏訳］
　God's in his heaven; all's right with the world.

|教え| 極端は不幸を招く

このように調和と秩序を愛することわざの精神は，極端に偏する

ことはよくないとする考えを生み出します。次のものはそれぞれ，大きすぎ，多すぎ，賢すぎ，強すぎなどの極端は，悪い結果を生みだすということわざです。

〈すべての極端は悪徳である〉
　　Every extremity is a vice.
〈大きい幸福は大きい不幸である〉
　　Great happiness, great danger.
〈微風は火を燃え立たせ，強風は火を消す〉
　　A little wind kindles, much puts out the fire.
〈大食らいをすると病気も多い〉
　　Much meat, much malady. ＝「大食短命」，「腹八分目に医者要らず」

(2) 中庸の勧め

|教え| 人間には節度が必要である

　極端をいましめることわざは，当然，中庸をすすめます。英語に中庸をすすめることわざが断然多いのは，ひとつには，人間が限界を知らない欲望の奴隷であることに理由があります。この飽くなき願望は，ある意味では人々の生活を発展させた原動力になったかもしれません。しかし一つ間違えば，それは破滅の引き金にもなり得ることを知らなければなりません。

〈もてばもつほど欲しくなる〉
　　The more you have, the more you want.
〈1インチをやれば1マイル取りたがるもの〉
　　Give a man an inch, and he will take a mile.

　そして，抑制を知らないものは，欲に目がくらんで，やがては身を滅ぼします。

〈乞食を馬に乗せれば，悪魔のところまで乗りつける〉
　　Set a beggar on horseback and he'll ride to the devil.

人間の欲望に際限が無いとすれば，中庸を尊ぶ精神としては自らの欲望に限界を設け，自己を律しなければなりません。

〈どこかに一線を画さなくてはならない〉
　　One must draw the line somewhere.

でなければ，弱い人間は肥大する欲望の誘惑に屈し，節度の限界を越えることになります。その結果は，ほんの些細なことが命取りにならないともかぎりません。

〈最後の一滴がコップをあふれさせる〉
　　The last drop makes the cup run over.

限界を超えないためには，極端に走らず，多くの人たちが通る中道を進むことです。これこそ，英米人の求める中庸の精神といえるでしょう。言いかえれば，両極を切り捨て，安全な中道を求める精神でもあります。

〈安全は中道にある〉
　　Safety lies in the middle course.
〈黄金の中庸が最善である〉［ホラティウス］
　　The golden mean is best.

以上はいずれも，中庸が大切であることを抽象的に説くことわざですが，次のものはもっと具体的にその方法を示しています。

〈悲しみをあまり悲しむな，喜びをあまり喜ぶな〉
　　Of thy sorrow be not too sad, of thy joy be not too glad. ＝「失意泰然得意淡然」
〈十分というのがご馳走である〉
　　Enough is as good as a feast. ＝「足るを知る者は富む」

〈十分以上は多すぎる〉
　More than enough is too much. ＝「過ぎたるはなお及ばざるが如し」
〈節制が最良の薬である〉
　Temperance is the best physic.

[教え] 理想もあまり高すぎてはいけない

　人間には向上を求める努力が必要ですが，あまりに多くのものを求めすぎると，元も子もなくしてしまうという危険があります。あるいは高い理想を求めて上ばかり見ていると，思わぬ障害に出会うことがあります。次のことわざは，理想もあまり高過ぎてはいけないと説きます。

〈全部をつかもうとすれば，全部を失う〉
　Grasp all, lose all. ＝「大欲は無欲に似たり」
〈木くずが目に入るからあまり高い木を切るな〉
　Hew not too high lest the chips fall in thine eye.
〈選り好みして最悪を取る〉
　He who chooses, takes the worst. ＝「選んで滓を掴む」

[教え] 不十分でもよい，不十分がよい

　ことわざの説く中庸の精神は，日常生活において，不十分なもの，不完全なものであっても，まったく無いよりはましだという，不足礼賛の精神でもあります。一切れのパンに比べれば，半切れのパンは不足かもしれませんが，パンがまったくないことを思えば，半切れでも有り難いのです。

〈パン半分でもないよりはまし〉
　Half a loaf is better than no bread.

　不十分でもないよりはましという類義ことわざは，次のようにい

〈何もないよりは少しでもあったほうがよい〉
　Something is better than nothing. ＝「有るは無いにまさる」
〈一本足でも二本の松葉杖にまさる〉
　One foot is better than two crutches.

人間の行動についても，次のようにいいます。

〈遅れてもやらないよりはまし〉
　Better late than never.

ところで中庸の精神は，さらに不十分に大きな価値を持たせ，「不十分でもよい」から「不十分がよい」という考え方にまで発展します。つまり，十分より不十分のほうがよいというのです。日本のことわざにも「足らぬは余るよりよし」や「過ぎたるは猶及ばざるが如し」というのがありますが，何ごとも不十分であれば，いつまでも大切にしますし，多すぎて飽きるということもありません。

〈きしむ扉は長持ちする〉
　A creaking door hangs longest.

立派で堅牢な門より，壊れそうな門のほうが，開閉に用心し，けっきょく長持ちするのです。同じ考え方に，日本の「一病息災」があります。これは「無病息災」の向こうを張ったことわざですが，まったく病気がないよりは一つぐらい病気があるほうが，健康に気をつけるので，長生きするというのです。

次のことわざも，そのような不足礼賛のことわざです。

〈死に脅かされている人は長生きする〉
　Threatened men live long.
〈少し愛して，長く愛して〉

Love me little, love me long. ＝「細くも長かれ」

[教え] 無理をして不可能に挑むな

冒険心に富む人間は，チャレンジ精神が旺盛すぎて，不可能とわかっていることに挑むことがあります。その結果が，死を呼ぶことになりかねません。中庸を尊ぶことわざは，物事を行うには安全が第一であると教えます。そのためには，分かりきったことにも注意を促すのです。

〈石から水（血）はしぼれない〉
　You cannot get water (or blood) out of stone.

冷酷な人間からは血も涙も期待できないという意味です。とてもくれそうにない人から金などをもらおうとすることを，〈石から血をしぼるようなものだ〉と表現します。

〈カニを縦に歩かせることはできない〉
　You cannot make a crab walk straight.

これらのことわざは，不可能とわかっていることに挑んでも無駄であると教えています。

しかし，人は周囲の事情によって，心ならずも不可能と思える事柄に挑戦したり，避けられない災いに出遭わなければならないときがあります。そのようなときは，困難や危険が少しでも小さいほうを選べと，合理的な生活の知恵を伝授します。

〈災難が避けられなければ，どちらか小さいほうを取れ〉
　Of two evils choose the lesser.
〈川は浅瀬を渡れ〉
　Cross the stream where it is shallowest.
〈見知らぬ悪魔より知り合いの悪魔のほうがまし〉
　Better the devil you know than the devil you don't

know. ＝「知らぬ神より馴染みの鬼」

[教え] 何ごとにも適応して生きよ

　最後に，中庸をすすめることわざが教えることは，自分のおかれている時代や状況に逆らわず，世の中の大勢や常識にしたがって生きよということです。要するに，分相応の暮らしを逸脱せず，状況をあるがままに受け入れ，いたずらに自分の意見に固執することなく，無謀な抵抗をするなという現実適応主義の考え方です。日本にも，これに対応することわざがいくつかあります。

〈世間のやり方にしたがえば，世間から褒められる〉
　Do as most men do, then most men will speak well of you.
〈掛け布団に合わせて足を伸ばせ〉
　Stretch your legs according to your coverlet. ＝「蟹は甲羅に似せて穴を掘る」
〈曲がるほうが折れるよりまし〉
　Better bend than break. ＝「柳の枝に雪折れはなし」＝「柔よく剛を制す」

　また，確固とした思想や信念をもつことはよいことですが，間違っているとわかったら憶せず改めるのが賢者であると，ことわざはいいます。

〈賢者は考えを変えるが，愚者は変えない〉
　A wise man changes his mind, a fool never. ＝「君子豹変す」

　賢者は情況に応じて考えを変え，難局を乗り切るが，愚者はいつまでも己の主義主張に固執するという意味です。
　さて，これまで見てきた適応主義は，たしかに純粋な生き方に比較すれば，中途半端であるし，ある意味でずるい生き方のように思

えます。しかしそこには，不十分でもゼロよりはましという，合理的な相対主義の精神があります。そこにはまた，日本人の「長い物には巻かれろ」式の事なかれ主義的な考えが見られるとしても，それは生き延びて他日の飛躍にそなえるためのものであるという，したたかな現実主義があります。これこそ，アングロサクソン民族の国民性にひそむ強靱な精神力だといえるのではないでしょうか。

さて，この章をお読みいただいた読者の方は，次のクイズに挑戦してみてください。

クイズ13 「人生の生き方」

【問】 ①〜⑥は適切な語句を選んで空所を埋めなさい。⑦〜⑩は適切な語句で空所を埋めなさい。

① 〈神に愛されるものは（　　　　）〉（若死にする・長生きする・頭角を現す）
② 〈人が最後に逃げ込むのは（　　　）という避難所だ〉（援助・諦観・希望）
③ 〈人は生まれるが早いか，（　　　）の旅にでる〉（成長・苦労・死出）
④ 〈法律が増えれば犯罪者が（　　　）〉（減る・増える・泣く）
⑤ 〈勝てなければ（　　　　）〉＝「長いものには巻かれろ」（逃げろ・降参せよ・仲間になれ）
⑥ 〈最後の（　　　）がラクダの背骨を折る〉（麦一袋・水一樽・藁一本）
⑦ 〈豚に（　　　）を投げるな〉[マタイ伝]＝「猫に小判」
⑧ 〈ローマでは（　　　）のするようにせよ〉＝「郷に入っては郷に従え」
⑨ 〈期待しないものは幸いである，（　　　）することがないから〉[アレキサンダー・ポープ]

⑩ 〈(　　　)のとき立てた誓いは，凪になれば忘れるもの〉
＝「喉元過ぎれば熱さを忘れる」

答 ① (若死にする) (Those) Whom the gods love die young. ② (希望) Hope is the last thing that man has to flee unto. ③ (死出) As soon as man is born he begins to die. ④ (増える) The more laws the more offenders. ⑤ (仲間になれ) If you can't beat them, join them. ＝「長いものには巻かれろ」 ⑥ (藁一本) The last straw breaks the camel's back. ⑦ (真珠) Cast not pearls before swine. [マタイ伝] ＝「猫に小判」 ⑧ (ローマ人) When in Rome do as the Romans do. ＝「郷に入っては郷に従え」 ⑨ (失望) Blessed is he who expects nothing, for he shall never be disappointed. [アレキサンダー・ポープ] ⑩ (嵐) Vows made in storms are forgotten in calms. ＝「喉元過ぎれば熱さを忘れる」

第8章 東西文化の違いについて教える

　これまで，日本語のことわざもいくつか見てきましたが，それはあくまでも，英語のことわざに対応する日本語ことわざにはこういうものがあるという程度の，付随的な取りあげ方でした。ここでは，日本語ことわざを英語ことわざと対等に取りあげ，両者を比較します。そしてその違いは，その背後にある文化の違いに起因するものであるという立場から，論を進めていきます。

　なお，立論に利するかぎり，すでに取りあげたことわざも再度利用させてもらっていますから，あらかじめご了承下さい。また，ここでの分類項目は拙著『東西ことわざもの知り百科』（春秋社・平成24年）に依拠していることをお断りしておきます。

　次の項目を取り上げています。

1. 多弁型と寡黙型
2. 行動型と慎重型
3. 経験主義と権威主義
4. 個人主義と集団主義
5. 罪の文化と恥の文化

1. 多弁型と寡黙型

(1) 多弁な英米人

|教え| 言葉は社会生活に不可欠なものである

　東西の文化を比較してみると一番大きな違いと思われるものは，日常の場でのことばかずの多寡という問題です。日本人の寡黙に比べて欧米人は多弁です。なぜかといえば，多くの国が隣り合わせになっている欧米では，異民族，異人種との接触が盛んですし，とくにアメリカにいたっては，人種の坩堝といわれるほど多くの国から移民が来ております。習慣も文化も歴史も違う人間同士が黙っていたのでは，不信感が募るだけです。こんなことわざがあります。

〈吠えぬ犬と静かな流れには気をつけろ〉
　Beware of a silent dog and still water.

そしてものは遠慮したり，遠回しに言ったりせず，はっきり言えとことわざはいいます。

〈薮のまわりを叩いて獲物を駆り立てるな〉
　Don't beat about the bush.（遠回しに言うな）
〈鋤は鋤と呼べ〉
　Call a spade a spade.

また，相手に対して何かしてもらいたいことがあれば，遠慮なくそれを伝えなければなりません。聞き入れられるかどうかは，時と場合によりますが，いずれにしても話さなければ何ごとも始まらないのです。

〈きしむ車輪は油をさしてもらえる〉
　The squeaking wheel gets the grease.

そして，欧米のような自由競争社会で一番大事なことは，相手を

説得する技術です。言葉が武器になります。

〈ペンは剣よりも強し〉
The pen is mightier than the sword.
〈言葉は剣よりもよく切れる〉
Words cut more than swords.

またイギリスのような伝統国では，紳士の条件としては会話術に長けていなければなりません。その人が紳士であるかないかは，会話をしてみればわかるからです。

〈紳士の芽を育てるのは教育，完成させるのは談話〉
Education begins a gentleman, conversation completes him.
〈会話の中に人の本性が表れる〉
Conversation makes one what he is.

このように言葉を大事にする気風は，世論を尊重する精神へと発展します。

〈誰もが言うことは本当のはず〉
What everybody says must be true.
〈民の声は神の声〉
The voice of the people is the voice of God.

ところで，言葉を神と結びつける考え方は，聖書にその遠因があるようです。新約聖書には次の言葉があります。

〈はじめに言葉あり，言葉は神とともにあり，言葉は神なりき〉
［ヨハネによる福音書］
In the beginning was the Word, and the Word with God, and the Word was God.

(2) 寡黙な日本人

> 教え　言わなくても心は通じる

　むかし，国際会議で日本人の〝3S〟ということがよく言われました。多くの日本人は会議中，沈黙（silence）していて，ときどき笑顔（smile）を見せると思えば，知らぬうちに居眠り（sleep）しているというのです。国際化の現在ではさすがこのようなことは無くなってきたようですが，それでも日本人は本質的に議論が下手です。その理由としては，昔から日本には議論する風土がなかったということです。

　日本のようなタテ社会では，とくに上役の言い分はお説ごもっともと黙って聞く習慣があり，反対意見を述べることはとても勇気のいることでした。現代でも日本人の DNA には，このような傾向が存続しています。だから，意見を主張する人間をうるさいと嫌い，

　「一言居士」

といって敬遠します。その心には，

　「巧言令色鮮(すくな)し仁」
　「剛毅朴訥(ごうきぼくとつ)仁に近し」

などのことわざで代表される儒教思想があるのでしょう。仏教の言葉に

　「以心伝心」

がありますが，これは仏教の奥義を言葉ではなく心で伝えることを言います。転じて，言いたいことは心があれば伝わる，いや，むしろ心によるほうがよく伝わるという意味で使われるようになりましたが，これはある意味で言葉を不要とする考え方です。日常生活での諍いなども，互いに言葉を無遠慮に投げ合うことから生じるもの

ですから, 口数の多い者に対しては,

「口は災いの元」
「言わぬが花」

などと言って多弁を戒めるのです。

「秘すれば花」［世阿弥］
「もの言えば唇寒し秋の風」［芭蕉］

　さて, このように, 普通の日常生活でも, 日本人は欧米人に比べるとずっと寡黙な国民ですが, こと愛情表現になるとさらに徹底的になります。日本人は愛情表現が下手というよりも, そもそもできないのです。今の若い人の多くは愛情表現ができるようですが, 昔の人たち, とくに女性は到底できませんでした。

　明治の作家, 二葉亭四迷はロシアの作家トゥルゲーネフの小説「片恋」の中のヒロインの話すロシア語の〈I love you〉を訳すのに, はたと困ったそうです。男のせりふのほうは「ぼくはあなたが好きだ」で簡単ですが, 女のほうはそうはいかない。女性のいう〈I love you〉をどのように日本語に移すべきか, 二葉亭四迷は二日二晩も考えたすえ, 今も名訳として伝えられている言葉を思いついたといいます。それは,「わたし, 死んでもいいわ」という訳でした。

　その後, 米川正夫は同じところを「あたし, あなたのものよ」と訳しています。ついでに言えば, 夏目漱石は英語教師として教壇にあったとき,〈I love you〉を「貴方を愛しています」と訳した学生に,「こういう時は『月がキレイですね』とでも訳すもんだ」と言ったと伝えられています。

2. 行動型と慎重型

(1) 行動型の英米人

|教え| 自分にして欲しいことを相手にもせよ

聖書マタイ伝やルカ伝のなかのキリストの言葉で，いまでは道徳の黄金律としてキリスト教国の人たちの行動の規範となっていることわざがあります。次のものです。

〈己の欲する所を人に施せ〉［マタイ伝］［ルカ伝］
　　Do to others as you would be done by.

自分のして欲しいように人に対して行えば，人は必ずそれを有り難く思い，それをまた愛情で返すことになるという，人間相互の信頼がそこから生まれるのです。

多民族国家の英米人は，人と人とのつながりが薄い分，かえって人とのつながりを強く求めるのです。それゆえに，他人の親切や好意にこの上もない喜びを感じるわけです。だから，他人にも同じ有り難さを感じてほしいと願い，その結果が「自分のして欲しいように人にもしてあげよう」という考え方になるのでしょう。

|教え| 攻撃が最善の防御である

しかし一方では，多民族国家で自由主義社会の欧米は，どうしても競争社会になります。競争が激しくなれば，食うか食われるかです。そこでは他人に対して，否応なく攻撃的にならざるを得ない状況があるのです。

故会田雄次さん（京大名誉教授）は，子どもを守るときの日本人とアメリカ人との姿勢の違いを次のように興味深く書いています（会田雄次『日本人の意識構造』講談社現代新書）。

それによりますと，あるアメリカ人が書いた論文に，日本人女性は熊とか自動車とかの外敵から子どもを守るとき，子どもを抱きし

め，外敵に尻を向けてうずくまる防御態勢をとるとあったそうです。

会田さんは，それではアメリカ人はそのような場合どんな姿勢をとるかを知りたくなり，渡米した際に何人かのアメリカ人女性に次のような質問をしたといいます。

「自動車か熊があなたに向かって突進してきたとき，子供をどのようにして守りますか」

それに対する答えは，アメリカ人女性のほとんどすべてが子供を後ろへはねのけ，相手に直面し，両手を広げて仁王立ちになる，というものでした。

この日米正反対の姿勢から，会田さんは英米人の性格は攻撃型で，日本人のそれは守勢型であるとしました。そのことを象徴することわざがあります。

〈攻撃は最善の防御〉
　Offense is the best defense.

つまり，子供を守るためにはひたすら防御をするだけではダメで，相手に攻撃的にならなければならないということです。

このような欧米人の性格は，文学や映画にも表れています。欧米人にとって「善」とは「悪」と戦うことです。『ハリーポッター』も，そのような正義と悪との戦いですね。そして最後は，悪を滅ぼしてハッピーエンドで終わるというのが，西欧の物語の定番です。このような白人社会の戦いの歴史の中で生まれたのが，征服するか征服されるかという非情な弱肉強食の論理です。それを代弁する次のようなことわざがあります。

〈不正の平和より正しい戦争のほうがまし〉
　A just war is better than an unjust peace.
〈火には火で戦え〉
　Fight fire with fire.

〈恋と戦争では何でも正しい〉
All is fair in love and war.
〈戦争は王様のスポーツ〉
War is the sport of kings.

(2) 慎重型の日本人

[教え] 自分にして欲しくないことは相手にもするな

日本人の道徳律の根幹をなすものとして知られているのが、次のことわざです。

「己の欲せざる所を人に施す勿れ」［論語］

注意すべきは、英語のことわざが相手に好まれることをせよと積極的に奨励しているのに対して、日本語のことわざは相手に厭なことをするなと否定的に戒めていることです。この発想の違いはどこからくるのでしょうか。

単一農耕民族の日本人は、狭い国土にひしめきあっているだけに、お互い同士の干渉も多く、近所付き合いには大きな気苦労があったのはご承知のとおりです。また、昔の長屋には大家族が同居していて、争いが絶えませんでした。世間の目のないところ、うるさくないところへ行きたいと思ってもそれだけの余裕がありません。

そのような場合、当然のことながら、もう他人からの迷惑はごめんだという心理が生まれないでしょうか。他人の好意や親切でさえ、むしろ有り難迷惑に感じないでしょうか。その結果として、日本人には「己の欲せざる所を人に施す勿れ」という考え方が生まれたのだろうと思われます。

[教え] 謙虚が最大の美徳である

日本人は戦国時代などを除けば、概して平和の中に安定した生活

を求めてきたと言えます。単一民族だから，互いに気心は知れているし，部族集団はたいていよくまとまっていました。農耕民族である日本人は，遊牧民族と違って，人間関係の理想を闘争に置くのではなく，平和を求めることに置きます。ここで大事なことは人間の和です。

「和をもって尊しとなす」［聖徳太子］

そのためには，なるべく自我を出さず，控えめに振る舞わなければなりません。そうすれば，次ぎのことわざのように，平和な毎日が約束されます。

「日日是好日」

そして威張りたがり屋や目立ちたがり屋は

「虎の威を借る狐」
「出る杭は打たる」

などと言ってたしなめられるし，謙虚な人間は

「実る稲田は頭垂る」

といって，美徳を讃えられるのです。

3. 経験主義と権威主義

(1) 自分の経験を信じる英米人

> 教え　経験こそ最善の教師である

行動を重んじる英米人はまた経験主義の民族だといえます。自分の体験がすべての判断の基準になるのです。少しでも自分の経験に照らして疑わしいと思えば，どんな権威者が言ったことであろうと，信じません。とくにアメリカ人にその傾向が顕著に見られます

が，それはアメリカ特有の競争社会の生み出したものかもしれません。つまり，人を信じるな，自分だけを信じよという，競争社会の人生観から生まれたのでしょう。

そのいい例が，いまだにアダムとイブの物語を信じ，地動説や進化論を信じないアメリカ人がかなりいるという事実です。それも，かなり高度な教育を受けた人がそのようですが，むろんそれには長い間のキリスト教の影響が大きいと思われます。

〈見ることは信じることである〉
　Seeing is believing.

という有名なことわざがあります。これに日本では，

「百聞は一見にしかず」

のことわざを当てていますが，英語のことわざの真意は〈見ないことは信じてはいけない〉ということなのです。

これは，学問の世界におけるアメリカ型実証主義と無関係ではありません。アメリカの学者は徹底したフィールドワークを尊重します。現場を歩き，自分の目で確かめる，これがプラグマティズムの思想です。

次のことわざはいずれも経験の重要性を説いています。

〈学問無き経験は経験無き学問にまさる〉
　Experience without learning is better than learning without experience.
〈経験は最善の教師である〉
　Experience is the best teacher.
〈経験は知恵の父，記憶はその母〉
　Experience is the father of wisdom and memory the mother.
〈プリンの味は食べてみなければわからない〉

The proof of the pudding is in the eating.
〈同じ過ちを二度とするな〉
Don't make the same mistakes twice.

しかし，経験のデメリットを教えることわざもあります。だからといって経験を否定するわけではありません。経験を尊重するからこそ，その弱点もわきまえよという親心でしょう。

〈経験は愚者の教師〉
Experience is the teacher of fools.
〈経験は最善の教師だが，その授業料は高い〉
Experience is the best teacher, but the tuition is high.
〈火傷した子は火を怖れる〉
A burnt child dreads the fire.

(2) 権威者の言を鵜呑みにする日本人

|教え| 先覚者の築いた学問を尊重せよ

ところが日本人は英米人とは反対に，自分の目や耳を使って得た知識よりも権威者の言葉を信じる傾向があります。読書からだけでなく，マスコミの流す活字や映像も頭から信じ，鵜呑みにします。

それには，学問にたいする熱い思い入れが，日本の風土に昔からあったことにも原因があります。次のことわざをご覧下さい。いずれも学ぶことの大切さを説くものばかりです。

「学問は一生の宝」
「学者は国の宝」
「学ぶに如かず」
「学若し成らずんば死すとも帰らず」
「今日学ばずして来日ありと謂う勿れ」
「少年老い易く学成り難し」

「学びて思わざれば則ち罔く，思いて学ばざれば則ち殆うし」
「六十の手習い」「八十の手習い」
「温故知新」＝「故きを温ねて新しきを知る」

　むろん，今日の日本の近代化を成功させてきたのは，読み書きソロバンから始まって中等教育，高等教育に至るまでの学校教育であったのは，疑う余地がありません。

　しかし，21世紀の教育がこのままでいいかどうかとなると，大いに疑問視されています。少年の凶悪犯罪は1960年代前半をピークに，大幅に減少してはいるものの，いじめ，万引き，傷害などの少年犯罪や非行は，依然として毎日のようにマスコミに報じられています。このような現状を見て，現在の教育はこのままでいいと思う人は誰もいないでしょう。そこに求められるのは，知識偏重の詰め込み主義教育ではなく，またそれを反対にしただけのゆとり教育でもなく，知能の上に豊かな情操と家族や郷土を愛する心をもった青少年をつくる全人教育ではないでしょうか。

　それには，体育活動にせよ，ボランティア活動にせよ，もっと身体を動かし，もっと心を働かせる体験活動が必要だと思います。むろん，極端な経験主義オンリーでは困りますが，適正な経験主義的な考えを取り入れれば，これまでのような知識偏重を是正できるのではないでしょうか。

4. 個人主義と集団主義

(1) 個人主義の英米人

　教え　行為の結果は自己責任である

〈イギリス人の家は城である〉
　　An Englishman's house is his castle.

このことわざには，個人の生活も城のような堅牢な石造りの建物

で守られたいという願望があります。城は個人の生活を守るためのもの，つまり何人たりともそこに侵入することを許さないプライバシーの牙城ということになります。欧米の個人主義思想の具象化を，このことわざに見る思いがします。

平成4年，愛知県立旭丘高校生の服部君がアメリカ留学中に射殺されるという痛ましい事件がありましたが，彼を強盗と勘違いしたということで，射殺した米国人は無罪になりました。これなどは，欧米人にとって家がいかに大事なものであるかを象徴するような出来事です。

このような個人主義思想は，社会生活の場にあっては，たいていのことは個人の自由に任されるという考え方になります。そして自由に行なったことから生じる責任はすべてその個人に負わされます。責任はみんなで持つという日本的考え方は欧米人には馴染みません。共同責任は無責任とされるのです。

〈みんなの仕事はだれの仕事でもない〉
　Everybody's business is nobody's business.
〈料理人が多すぎるとスープの味がだめになる〉
　Too many cooks spoil the broth.

そして自己責任の思想は，個人に自立を勧める考えを生み出します。次のようなことわざがあります。

〈どんな桶も自力で立たねばならない〉
　Every tub must stand on its own bottom.
〈行商人には自分の荷物を担がせろ〉
　Let every peddler carry his own burden.

さらに，自己責任の原理は，因果応報のことわざを生むことになります。すなわち善い行いにたいしては良い報いがあるし，横しまな行いにたいしては悪い報いがあるというものです。ただ注意すべきは，よい行いに対してよい報いがあるとすることわざは少なく，

圧倒的に多いのは，悪い行いに対して悪い報いがあるとするものです。

〈徳の種を蒔くものは名声の収穫を得る〉
　　He that sows virtue, reaps fame
〈よき種はよき作物をつくる〉
　　Good seed makes a good crop.

これらはよい報いですが，次のものは悪い報いです。

〈すべて剣を取るものは剣にて滅ぶ〉［マタイ伝］
　　All they that take the sword shall perish with the sword.
〈天に向かって唾する者は顔に唾を受ける〉
　　Who spits against heaven, it falls in his face.

第5章の3(4)「因果応報」の欄には，これに類するさらに多くのことわざを載せてありますから参照してください。

(2) 集団主義の日本人

|教え| 行為の報いは全体責任である

行為の報いは個人ではなくて全体で負うというのが，日本人の考え方です。それにふさわしいことわざがあります。

「一蓮托生」
　いちれんたくしょう

このことわざの原義は，死後同じハスのうえに生まれ変わって生を託すということですが，いまでは仲間同士が最後まで行動や運命をともにしようという意味で使われています。言うなれば，たとえ火のなか水のなか，死なばもろとも，という決意表明ですから，これほど強い結束はありません。仲間で何かをおこない，そのなかの一人が失敗したとしても，責任は全員で負うということになります。テレビでは，会社や事業所の責任者が部下の不始末をわびる場

面を毎日のように報じていますが、これなどもまさに日本的風景です。

家族の場合も同じです。

「親の因果が子に報い」
「親の罰は子にあたる」

つまり自分だけではなく、子孫を含めて一家全体の責任だとする考え方です。これには儒教思想の影響もあるように思われます。

さらに、このようないわば順送りの考え方はなにも、現世に限るわけではありません。仏教でいう輪廻転生(りんねてんしょう)というのでしょうか、仏の慈悲にすがって念仏を唱えれば来世では生まれ変わって極楽へ行けるし、悪業を重ねれば地獄へ堕ちるという考え方が、ことわざにも反映されています。この世での行為は善いことであろうと悪いことであろうと、ただちに結果をもたらすのではなく、来世に持ちこされるというのです。

「今生(こんじょう)飾れば後生(ごしょう)飾る」
「積善の家に余慶あり」
「極楽往生」
「嘘をつけば閻魔様に舌を抜かれる」

これらは、自分の行為の結果は自分自身に降りかかるとする英米のことわざとは大きな違いを見せます。おそらくそれは、前述の「一蓮托生」の思想と無関係ではないでしょう。つまり自分だけではなく、子孫を含めて一家全体の責任だとする考え方です。だから、同じ家族に属する者は、同族やその子孫に迷惑のかからないように、現在の生き方を正さなければならないというわけです。

5. 罪の文化と恥の文化

(1) 罪を意識する英米人

|教え| 恐ろしいのは神の声である

　アメリカの文化人類学者ルース・ベネディクト女史は，日本が敗戦した1年後の1946年に『菊と刀』を著しました。(日本語訳は1948年)。これは，日本人の国民性を研究したもので，日本の降伏後，日本をいかに占領統治していくか，その基本路線の青写真となったものです。その中で女史は，日本人の文化を「恥の文化」とし，それに対して欧米の文化は「罪の文化」であると規定しました。以下，少々その説を見てみましょう。

　キリスト教文明の欧米では，行動の規範には宗教の戒律があります。それは神の掟と言ってもよいのですが，それが彼らの道徳意識の中に入り込むと，良心として定着します。彼らは良心の命じるままに行動し，他人の思惑がどうであれ，神の戒律を守れば心は清澄，一点の曇りもありません。

〈宗教は人生の規範である〉
　Religion is the rule of life.
〈清らかな良心は偽りの非難を怖れない〉
　A clear conscience fears not false accusation.

　しかし，完璧な人間はいませんから，いかに敬虔なクリスチャンでも，間違いを犯したりすることがあります。彼らの心には常に神がいますから，そんなときは，強い罪の意識を持ちます。恐ろしいのは神です。だから教会では神に罪を懺悔し，許しを求めるのです。

〈神はゆっくり近づくが，打ち据える拳は鉄のように強い〉
　God comes with leaden feet, but strikes with iron

hands.
〈罪を意識する心は絶えず恐れを抱く〉
A guilty conscience feels continual fear.
〈率直な罪の告白は魂のために良い〉
Open confession is good for the soul.

　このような文化を，ベネディクトは「罪の文化」と呼んだわけです。「罪の文化」とされる欧米人の行動は，神や自分の良心にもとづいて行われますから，正しいと思うことは正しいとして，他人の思惑に左右されず，断行する勇気と自主性があります。

　しかし，英米人の性向は，共通の目的に向かって何かをするときは大きな力を発揮しますが，目的が不明瞭でしかも人々の価値観がさまざまな場合には，他人を無視して己の主張を押し通す利己主義になりがちです。しかも，一神教を信じる者の通弊として，おのれの信じる神にのみ忠実であろうとすることは，ともすれば人の意見に耳を貸さず，頑固で独善的になる危険があります。そうなればチームとしての仕事を成し遂げる上では，明らかに不利になるのです。

　一般に英米人は，日常生活などではくしゃみをしては〈エクスキューズ・ミー〉，人の身体に触れたと言っては〈エクスキューズ・ミー〉，くどいほどその言葉を連発するのに，事が商取引や交通事故処理などに及ぶと，たとえ非が自分にあっても絶対に謝ろうとしないものです。

　このような態度も多分，一神教のもたらすものではないでしょうか。不幸にして神の教えに背くような罪を犯したとしたら，何はともあれまず神に対しておのれの罪を告白し，許しを求めなければならないと思うのでしょう。おのれの行為で傷ついた相手がいたとしても，その相手に謝罪することは二の次だと考えるからかも知れません。

　日本のマスコミにしょっちゅう出て来る経営者の謝罪会見も考え

ものですが、謝罪どころか声高におのれの正しさだけを主張する彼らの態度を目にすると、もう少しおのれの非を認める謙虚さがあってもいいのではないかと思いませんか。

(2) 恥を意識する日本人

|教え| 恐ろしいのは世間の目である

多神教の日本では、神や仏に縛られることはそれほど強くはありません。強く意識するのは世間の目です。狭い日本、多くの人間の中で生活して行かなくてはなりませんから、常に他人の目を意識しないわけにはいかないのです。怖いのは神や仏ではなく、他人の目であり、他人の口です。他人に笑われたくない、恥をかきたくない、これが日本人の行動を規定するというのです。つまり、正しいかどうかで行動を決めるのではなく、世間がそれをどう思うかで、自分の行動を決めるというのです。これが「恥の文化」といわれるものなのです。

「虎の口より人の口恐ろし」

他人に笑われたくない、恥をかきたくないという意識が、日本人の行動を規定するとすれば、その価値基準は「外聞」であり、「名誉」なのです。

「武士は喰わねど高楊枝」
「生き恥かくより死ぬがまし」
「人は一代、名は末代」

また、罪の文化では、罪を犯したものはそれを告白することで心の重荷を下ろします。しかし、恥の文化では、罪を告白しても心は軽くならない。それどころか告白することで、悪い行いが世間に知れるかもしれないという不安のほうが大きいのです。世間に知れないかぎり、心は悩まないのです。ベネディクトさんの言うとおり、

日本では、幸福を祈願する儀式はあるが、罪のあがないである贖罪の儀式はないのです。

「恥の文化」には、「功罪相半ばする」ところがあります。「功」の面では、人前では恥をかきたくないという意識から、義理を重んじ、人情を大切にする気風が生まれます。さらには名誉を重んじ、ときには大義のために一命を投げ打つというような、高潔な行動となって人々の称賛の的になります。戦時中の特攻隊の義挙を思い浮かべてください。

また、「恥」を表す日本語は非常に奥が深いと言えます。金田一春彦さんは、恥ずかしさを表す日本語、たとえば「居心地が悪い」「格好が付かない」という微妙な心理を表す語は、英語に翻訳するのが難しいという意味のことをいっています。(「日本人の言語表現」講談社現代新書)

さて、「功」がある反面、一方では「罪」もあります。世間の目を恥じるということは、世間の目が変われば自分の恥の感じ方も変わるということになります。それは柔軟な生き方といえばいえますが、一面では狭い、功利的な生き方ということもできます。とくに、神とか、正義とか、良心とか、絶対的な価値観を生き方の拠り所にする欧米人の目には、そう映るのです。彼らは、そう簡単には妥協しないからです。

たとえば、

「生きて虜囚(りょしゅう)の恥かしめを受けず」

と教えられていた日本兵は、今度の戦争でもいったん捕虜になると、百パーセント相手側に転じて、協力したといわれました。ちょうど、

「忠臣は二君に仕えず」

と教えられたはずの戦国の武将たちが、戦に敗れると敵方の家来になって忠誠を励んだのと同じです。英米人にとって、日本人はいか

にも無節操に見えたといいます。
　このことは，前述のタテ社会において培われた，上からの命令に忠実な日本人の体質と，無関係ではありません。将棋の羽生善治さんの話によれば，将棋に似たゲームは世界にチェスをはじめ多くあるようですが，捕獲した相手の駒を自分の駒として再び使えることは，日本の将棋以外にはないそうですが，ここにも日本人のそんな性格が表れているのかもしれません。

安藤　邦男　（あんどう　くにお）

　三重県生まれの愛知県育ち。名古屋大学文学部英米文学科卒業。同大学院中退。愛知県内公立高校，私立短期大学で英語を教える。現在「ことわざ学会」会員。専攻はアメリカ文学。エドガー・アラン・ポオ研究，外来語研究，ことわざ研究に取り組む。

　著書に『自由と国家』（共著，山手書房，1984 年），『英語コトワザ教訓事典』（中日出版，1999 年），『テーマ別　英語ことわざ辞典』（東京堂，2008 年），『エドガー・アラン・ポオ論ほか』（英潮社，2009 年），『東西ことわざものしり百科』（春秋社，2012 年），『やさしい英語のことわざ』（1 巻～4 巻）（共著，くもん出版，2018 年）など。

ことわざから探る
英米人の知恵と考え方　　　　　　　　　　＜開拓社　言語・文化選書 74＞

2018 年 6 月 20 日　第 1 版第 1 刷発行

著作者　　安藤　邦男
発行者　　武村　哲司
印刷所　　日之出印刷株式会社

発行所　　株式会社　開拓社　　〒113-0023　東京都文京区向丘 1-5-2
　　　　　　　　　　　　　　　　電話　　（03）5842-8900（代表）
　　　　　　　　　　　　　　　　振替　　00160-8-39587
　　　　　　　　　　　　　　　　http://www.kaitakusha.co.jp

Ⓒ 2018 Kunio Ando　　　　　　　　　　　　ISBN978-4-7589-2574-7　C1382

JCOPY　＜出版者著作権管理機構　委託出版物＞
本書の無断複製は著作権法上での例外を除き禁じられています。複製される場合は，そのつど事前に，出版者著作権管理機構（電話 03-3513-6969, FAX 03-3513-6979, e-mail: info@jcopy.or.jp）の許諾を受けてください。